# ¿Cómo andas?

## Curso intermedio de comunicación

José B. Fernández
*University of Central Florida*

Nasario García
*New Mexico Highlands University*

Prentice Hall
UPPER SADDLE RIVER, NEW JERSEY 07458

Fernández, José B., 1948-
  Cómo andas?: curso intermedio de comunicación / José B.
Fernández, Nasario García
      p.   cm.
  Includes index.
  ISBN 0-13-267865-9
  1. Spanish language -- Textbooks for foreign speakers -- English.
I. García, Nasario. II. Title.
PC4129.E5F47 1997                                           96-40205
468.2'421--dc21                                             CIP

*Editor-in-Chief:* Rosemary Bradley
*Associate Editor:* María F. García
*Editorial Assistant:* Heather Finstuen

*Senior Managing Editor:* Deborah Brennan
*Cover and Interior Design:* Ximena Tamvakopoulos
*Project Editor:* Jacqueline Bush
*Illustrations:* Don Martinetti
*Senior Marketing Manager:* Christopher Johnson
*Manufacturing Buyer:* Tricia Kenny

©1998 by Prentice Hall, Inc.
A Viacom Company
Upper Saddle River, New Jersey  07458

Printed in the United States of America
10  9  8  7  6  5  4  3  2  1

ISBN   0-13-267865-9

Prentice Hall International (UK) Limited, *London*
Prentice Hall of Australia Pty. Limited, *Sydney*
Prentice Hall Canada Inc., *Toronto*
Prentice Hall Hispanoamericana, S.A., *México*
Prentice Hall of India Private Limited, *New Delhi*
Prentice Hall of Japan, Inc. *Tokyo*
Prentice Hall of Southeast Asia Pte. Ltd, *Singapore*
Editora Prentice Hall do Brasil, Ltda., *Rio de Janeiro*

# Contents

# Preface

*¿Cómo andas? Curso intermedio de comunicación* is a an engaging collection of authentic materials designed to inspire students who have gained a basic knowledge of Spanish. Created for first semester intermediate college level, or advanced third or fourth year high school students, the main goal of *¿Cómo andas?* is to develop competency in speaking, oral comprehension, reading, and writing. By having students negotiate practical, real-life situations such as visiting a travel agency, exchanging money at a bank, and passing through customs, *¿Cómo andas?* prepares students for work, travel, and more advanced studies of the language and cultures of the Spanish-speaking world.

## Overview

*¿Cómo andas?* contains sixteen lessons. In **Parte I (Lecciones 1-9)** an American family travels in Spain. In **Parte II (Lecciones 10-16)** the action switches to a set of characters from Latin America, evokes a set of cultural experiences parallel to, but different from, those of the family in Spain. The travelogue format comes alive through detailed illustrations and a variety of realia. *¿Cómo andas?* helps students discover what it is like to be immersed in a Spanish-speaking environment.

## Lesson Organization

**Objetivos.** *(Objectives)* The objectives preceding each lesson provide an overview as well as specific goals that challenge students to excel.

**¡La vida es así!** *(That's life!)* The opening conversation, or letter in some lessons, focuses on a practical theme and provides a real-life Spanish language sample. The subsequent **¿Recuerdas...?** tests students' recall and comprehension of the conversation.

**Vocabulario práctico.** *(Practical vocabulary)* The list of practical vocabulary that follows each conversation offers words and idiomatic expressions not usually found in elementary textbooks.

**¡No me digas!** *(You don't say!)* This section provides insights into the cultures of the Spanish-speaking world and compares and contrasts them with mainstream culture in the United States.

**¡A practicar!** *(Let's practice!)* A section for practice features a variety of exercises and many realia-based activities. Exercises involving making associations and completing dialogues are based on the active vocabulary from the conversation. Sets of information-seeking questions often refer to realia. **Cuéntaselo a la clase** encourages the student to express personal views using the situation discussed in the lesson as a point of departure. **Descripción del dibujo** evokes student reaction to the thematically-linked situation depicted in the drawings. **Charlemos un poco** provides students with opportunities for role playing.

**Repasito.** *(Review)* The review briefly covers one or two practical grammar points and concludes with a short set of exercises.

**¡A escribir!** *(Let's write!)* The outline (**Introducción, Desarrollo and Conclusión**) suggests a way for students to synthesize the content and forms emphasized in the chapter through the development of writing skills.

**Vocabulario.** *(Vocabulary)* A comprehensive list of new vocabulary for the intermediate level appears at the end of the textbook for quick, easy reference.

**Índice.** *(Index)* A list of grammatical points covered in the **Repasitos** is conveniently located at the end of the book.

## Acknowledgements

We wish to express our sincere gratitude to the staff at Prentice Hall, particularly María F. García, Associate Editor, Debbie Brennan, Senior Managing Editor and Ximena Tamvakopoulos, Art Director, for their guidance in helping us see this book brought to fruition. Their keen and critical eye in reviewing the manuscript, coupled with insightful suggestions for improving its quality and design, enabled us to have a product second to none.

We must also express our appreciation to Jonathan Guerín for the use of his beautiful photographs of Madrid and María Salvadora-Ortiz and her colleagues for their photograph of the University of Costa Rica. Special thanks for her excellent suggestions in the **Repasito** sections go to María Rosa Teira Jacks of Montclair State University.

Last, but not least, a debt of thanks goes to the reviewers for their generous comments: Lucrecia Artalejo, Northeastern Illinois University, Clara H. Becerra, Youngstown State University, Robert J. Chierico, Chicago State University, Nelsy Echavez-Solano, University of Minnesota, Geraldine Fisher, Delaware Community College; María M. Pérez-Boudet, Valencia Community College; Vicki Porras, Prince George's Community College; Donna M. Wilson, Highline Community College.

To Harry and Shirley Davis —JBF

# Parte I

# En la agencia de viajes

| | |
|---|---|
| **¡La vida es así!** | Roberto Llorente Zardoya y su esposa, Gisela Romero de Llorente, acompañados por sus dos hijos, hacen trámites con María Aurora Argüelles, una agente de viajes, para un viaje a España desde Boca Ratón en la Florida donde ellos viven. |
| **Vocabulario práctico** | En esta lección aprenderás palabras y expresiones que son necesarias cuando uno viaja. |
| **¡No me digas!** | También aprenderás algo sobre los **nombres de pila** y **apellidos** (*first names/ surnames*), y términos equivalentes para palabras, como **billete,** que se usan en varios países hispanohablantes. |
| **¡A practicar!** | A fines de esta lección serás capaz de hacer planes en español para un viaje en una agencia de viajes. |
| **Repasito** | **Por** y **para** junto con los adjetivos posesivos se destacarán como puntos gramaticales importantes. |
| **¡A escribir!** | Mi viaje a… |

# ¡La vida es así!

## En la agencia de viajes

Roberto Llorente Zardoya, su esposa Gisela Romero de Llorente y sus hijos Guillermo, de dieciocho años y Teresita, de diecisiete, van a la Agencia de Viajes Colón para hacer los preparativos para un viaje a España. Allí los atiende María Aurora Argüelles, una amiga de la familia que es agente de viajes.

MARÍA: Buenos días, ¿qué tal? ¿Qué hay de nuevo? ¿En qué puedo servirles?

GISELA: Hola, María Aurora, ¿cómo andas? Mira, queremos hacer un viaje a España.

MARÍA: *(Sacando un folleto del cajón del escritorio y mostrándoselo.)* Bueno, aquí les tengo una ganga. Es una gira muy barata de tres semanas por diferentes regiones de España.

GISELA: ¿Qué incluye la gira?

MARÍA: Incluye pasaje de ida y vuelta, hospedaje, comidas y varios recorridos con guías.

ROBERTO: ¿Cuánto cuesta?

MARÍA: Cuesta 3.500 dólares por persona. ¿Qué les parece?

| GISELA: | El precio no está mal, pero creo que es mejor ir por nuestra propia cuenta. |
|---|---|
| ROBERTO: | Pero, mi amor, mira que el mes que viene comienza la temporada. En una gira vamos más cómodos y nos evitamos dolores de cabeza con las reservaciones en los hoteles. |
| TERESITA: | Pero papá, si vamos por nuestra propia cuenta tendremos más tiempo para visitar más lugares. |
| MARÍA: | Y tú, Guillermo, ¿qué dices? |
| GUILLERMO: | Yo no me meto en eso. |
| ROBERTO: | Bueno, María Aurora, haremos lo que sugiere mi esposa. A ver, ¿qué vuelo nos puedes conseguir? |
| MARÍA: | *(Mirando la computadora.)* Les tengo uno sin escala con una tarifa especial de 600 dólares por persona. ¿Lo desean o no? |
| ROBERTO: | ¡Cómo no! |
| MARÍA: | ¿Cuándo quieren los boletos? |
| GISELA: | Ahora mismo. |

*(Después de preparar todos los boletos.)*

| MARÍA: | ¿Algo más? |
|---|---|
| ROBERTO: | No, nada más, María Aurora. Muchas gracias, muy amable. |
| MARÍA: | De nada. ¡Buen viaje! |

## ¿Recuerdas…?

1. ¿Quiénes son Guillermo y Teresita?
2. ¿Quién es María Aurora Argüelles?
3. ¿Cómo se llama la agencia de viajes?
4. ¿Qué quiere hacer la familia?
5. ¿Qué saca la agente del cajón del escritorio? ¿Por qué?
6. ¿Cómo es la gira y qué incluye?
7. ¿Qué prefiere hacer Gisela?
8. ¿Qué dice Roberto acerca de la gira?
9. ¿Qué prefiere hacer Teresita y por qué?
10. ¿Cómo es el vuelo y cuánto cuesta?

# Vocabulario práctico ⁓⁓⁓ ⁘⁘⁘ ⁓⁓⁓ ⁘⁘⁘ ⁓⁓⁓ ⁘⁘⁘ ⁘⁘⁘ ⁓⁓⁓

For this lesson and every lesson hereafter, skim the dialog first. Then, covering up the English words in this list, try to guess the meaning of the Spanish words. Then, cover up the Spanish words and guess them using their English equivalents. Repeat the process with every lesson.

## Nombres

| | |
|---|---|
| la agencia de viajes | *travel agency* |
| el/la agente | *agent* |
| el boleto | *ticket* |
| el escritorio | *desk* |
| el folleto | *brochure* |
| la ganga | *bargain* |
| la gira | *tour* |
| el/la guía | *guide* |
| el hospedaje | *lodging* |
| el matrimonio | *married couple* |
| el pasaje | *fare, ticket* |
| el pasaje de ida y vuelta | *round trip fare* |
| el precio | *price* |
| el recorrido | *outing* |
| la tarifa | *fare* |
| la temporada | *tourist season* |
| el vuelo de noche | *night flight* |
| el vuelo sin escala | *non-stop flight* |

## Verbos

| | |
|---|---|
| atender | *to assist* |
| comenzar | *to start* |
| conseguir | *to find, get* |
| costar | *to cost* |
| incluir | *to include* |
| sugerir | *to suggest* |
| viajar | *to travel* |

## Adjetivos

| | |
|---|---|
| barato/a | *inexpensive* |
| caro/a | *expensive* |
| cómodo/a | *comfortable* |

## Modismos y expresiones útiles

| | |
|---|---|
| ahora mismo | *right now* |
| ¡Buen viaje! | *Have a good trip!* |
| ¿Cómo andas? | *How are you doing?* |
| ¡Cómo no! | *Of course!* |
| ¿En qué puedo servirles? | *May I help you?* |
| evitar dolores de cabeza | *to avoid headaches, hassles* |
| hacer los preparativos | *to make the arrangements* |
| hacer un viaje | *to take a trip* |
| ¡Hasta pronto! | *So long! See you soon!* |
| lo antes posible | *as soon as possible* |
| mi amor | *my darling* |
| muy amable | *Thank you kindly.* |
| nada más | *nothing else* |
| por nuestra propia cuenta | *on our own* |
| ¿Qué les parece? | *What do you think?* |
| ¿Qué tal? | *How are you?* |
| ¿Qué hay de nuevo? | *What's new?* |
| Y tú…, ¿qué dices? | *What's your opinion?* |
| Yo no me meto en eso. | *It's none of my business.* |

# ¡No me digas!

Tanto los españoles como los hispanoamericanos utilizan el apellido del padre y de la madre. El primer apellido que sigue a los **nombres de pila** (*first and middle names*) es el del papá, y luego sigue el apellido de la mamá. Por ejemplo, Juan García López es el hijo del Sr. García, el padre; y López es el apellido de la madre.

En los países hispanohablantes una mujer casada a menudo conserva su apellido y luego añade la preposición **de**, o un **guión** (-), precediendo el apellido de su esposo, como por ejemplo en el nombre María Elena Sánchez de Aragón o María Elena Sánchez-Aragón.

Los vocablos **esposo** y **esposa** para *husband* y *wife* se emplean a través del mundo hispanohablante. También se usan **marido** y **mujer**, aunque éstos son más bien de uso coloquial. El término **matrimonio** se usa para referirse a una pareja ya casada, mientras que el decir **los señores Atencio** o **los Atencio** significa *Mr.* and *Mrs.*

En Hispanoamérica la palabra para *ticket* es **boleto**, mientras que en España se usa **billete**. En la mayor parte de los países hispanoamericanos un billete se refiere al dinero, por ejemplo, un billete de cien pesos. La palabra **billete** se emplea con el mismo sentido en el suroeste de los Estados Unidos, particularmente en Nuevo México y en el sur de Colorado.

MONTE IGUELDO
IGELDO MENDIKO

ENTRADA
SARRERA 1

ENTRADA POR CARRETERA
ERREPEDITIK SARRERA

Precio: 115 Ptas.
I.V.A. Incluido

Este billete da derecho a transitar por las carreteras y caminos de la Sociedad

Nº 17361

# ¡A practicar!

**A. Llena el blanco.** Completa las oraciones con la forma apropiada de las siguientes palabras.

| gira | guía | temporada | ganga |
|------|------|-----------|-------|
| vuelo | reservación | boleto | hospedaje |

1. El _____ en ese hotel cuesta mucho dinero.

2. Quiero hacer una _____ de veinte días por España.

3. Nosotros compramos los _____ en la agencia de viajes.

4. Nuestros _____ hablan un español excelente.

5. La tarifa es una _____ porque es muy barata.

6. Me gustan los _____ sin escala.

7. Los precios están muy caros porque ya comenzó la _____.

8. ¿Podemos hacer las _____ en este hotel?

**B. En la agencia de viajes.** Completa el siguiente diálogo con palabras apropiadas del **Vocabulario práctico**.

AGENTE: Buenos días, señor. ¿En qué puedo servirle?

SEÑOR: Quiero hacer una _____ por los Estados Unidos.

AGENTE: Muy bien, aquí le muestro un _____.

SEÑOR: ¿Incluye el _____ en un hotel?

AGENTE: Sí, y también incluye varias _____ por Washington y Nueva York.

SEÑOR: ¿Habla español el _____?

AGENTE: Sí, por supuesto.

SEÑOR: Y el _____, ¿es de ida y vuelta?

AGENTE: Sí, y el vuelo es un vuelo sin _____.

SEÑOR: Bueno, voy a comprar el _____ ahora mismo.

AGENTE: ¿Algo más?

SEÑOR: No, _____.

AGENTE: Muchas gracias y ¡ _____ viaje!

**C. Un paso más.** Escribe una oración con cada una de las siguientes palabras.

1. una gira

_____

2. un folleto

_____

3. un vuelo sin escala

_____

4. un boleto

_____

5. un guía

_____

**D. ¿Qué dirías tú?** Escoge la frase apropiada de la lista para cada situación.

| | |
|---|---|
| ¿Cómo andas? | Gracias, muy amable. |
| Queremos ir por nuestra propia cuenta. | ¡Buen viaje! |
| ¿En qué puedo servirles? | Yo no me meto en eso. |

1. Trabajas en una agencia de viajes y dos personas quieren hacer un viaje a España.

_____

2. Tú no quieres tomar una decisión.

_____

3. Tú ves a tu mejor amiga.

_____

4. Ustedes no quieren viajar en una gira.

_____

5. Tu amiga sale para España.

_____

6. El agente de viajes te atiende muy bien.

_____

## E. Cuéntaselo a la clase.

1. ¿Te gusta viajar? ¿Sí o no? Explica.
2. ¿Qué país te interesaría visitar? ¿Por qué?
3. ¿Te gustaría trabajar en una agencia de viajes? Explica.
4. ¿Por qué crees tú que es importante leer un folleto antes de comenzar un viaje?
5. Cuando viajas, ¿prefieres ir en una gira o por tu propia cuenta? Explica.

## F. Descripción del dibujo.

1. ¿Dónde están las personas?
2. ¿Cómo se llaman los agentes que trabajan allí?
3. ¿Cuántos escritorios ves?
4. ¿Qué cosas hay sobre los escritorios?
5. ¿Qué le muestra la agente al matrimonio?
6. ¿Qué hace la señorita Fernández?
7. ¿Es una oficina moderna? ¿Por qué?

**G. Charlemos un poco.**

1. **Mi viaje.** Prepara un pequeño informe sobre un viaje interesante que hayas hecho en los Estados Unidos o al extranjero. Indica el lugar y por qué fue interesante.

2. **En la agencia de viajes.** Con un/a compañero/a, imagínense que son un/a agente de viajes y una persona que quiere viajar. Preparen un diálogo.

3. **De gira.** Prepara una gira por diferentes lugares de los Estados Unidos para una familia española.

4. **Lugares de interés.** Haz una lista de los lugares de interés de tu ciudad o estado, explicando por qué lo son.

# Repasito

## Usos de *por* y *para*

- **Por** se usa con sentido de intercambio, cuando se compra o se vende algo, si hay motivo o causa, en medidas y peso, con exclamaciones y para expresar medio.

    EJEMPLOS:   Los señores Llorente Zardoya pagaron 600 dólares **por** persona.
    Nacho fue **por** ella a la agencia de viajes.
    Las manzanas se venden **por** libra.
    ¡Sí, **por** supuesto que vamos de viaje!
    Supo **por** fax que ganó la lotería.

- **Para** se usa para expresar destino, comparación, propósito, fecha, hora, límite y estado o condición.

    EJEMPLOS:   Ellos salen **para** España mañana.
    **Para** no ser norteamericano habla bien el inglés.
    Mis padres trabajan **para** ganar dinero.
    La ropa de Elena estará limpia **para** el jueves.
    ¿Ya están listos **para** la gira?

**A. Ejercicios breves.** Llena el blanco con **por** o **para,** usando la información aprendida y explica por qué es así.

1. Nosotras salimos _____ Portugal hoy a las dos.

2. ¿Cuánto pagaste _____ el billete?

3. ¡ _____ poco tuvimos un accidente en el avión!

4. Yo fui a la agencia de viajes _____ mirar un folleto.

5. _____ ser tan joven, el agente trabaja muy bien.

6. Ahora mismo voy _____ la agencia de viajes.

7. Nuestro vuelo es _____ la noche.

8. El avión viaja a trescientas millas _____ hora.

9. _____ el martes ya vamos a estar en España.

10. Toda está preparado _____ el viaje.

## Adjetivos posesivos

| SINGULAR | PLURAL | SINGULAR | PLURAL |
|----------|--------|----------|--------|
| mi | mis | nuestro/a | nuestros/as |
| tu | tus | vuestro/a | vuestros/as |
| su | sus | su | sus |

EJEMPLOS:

| | | | |
|---|---|---|---|
| **mi** carro | **mis** carros | **nuestro/a** amigo/a | **nuestros/as** amigos/as |
| **tu** carro | **tus** carros | **vuestro/a** amigo/a | **vuestros/as** amigos/as |
| **su** carro | **sus** carros | **su** amigo/a | **sus** amigos/as |
| **mi** gato | **mis** gatos | **nuestro/a** compañero/a | **nuestros/as** compañeros/as |
| **tu** gato | **tus** gatos | **vuestro/a** compañero/a | **vuestros/as** compañeros/as |
| **su** gato | **sus** gatos | **su** compañero/a | **sus** compañeros/as |

Los adjetivos posesivos concuerdan en género y en número con la cosa, animal o persona poseída y no con la persona poseedora. Nótese que la concordancia de género se aplica a las formas **nuestro/a, vuestro/a**.

EJEMPLOS: **Nuestra** casa es muy bonita.
**Tu** casa es más bonita que **sus** casas (las de él).

**B. Un paso más.** Traduce al español teniendo en cuenta las reglas mencionadas anteriormente.

1. My parents are going to go to Spain right now.

   _____

2. His sister is now in Madrid with my brother.

   _____

3. Our flight is at eight in the morning.

   _____

4. How much is your plane ticket?

   _____

5. Her Spanish professors in León are from Pamplona.

   _____

6. Their tour in Spain will be for one month.

   _____

 *¡A escribir!*

**Mi viaje a....** Prepara una composición sobre un viaje que quieres hacer. Los pasos te ayudarán en la tarea.

TEMA: Mi viaje a…

▶ **Paso 1. Introducción.** Contesta las preguntas.

    1. ¿Por qué quiero hacer el viaje?
    2. ¿Qué lugares visitaría?
    3. ¿Por qué me gustaría visitar esos lugares?

▶ **Paso 2. Desarrollo.** Contesta las preguntas.

    1. ¿Cómo haría los preparativos?
    2. ¿Iría solo o con un grupo?
    3. ¿Cuánto costaría el viaje?
    4. ¿Cómo conseguiría el dinero?
    5. ¿Iría en una gira o por mi propia cuenta?

▶ **Paso 3. Conclusión.** Termina la frase.

    1. Va a ser un viaje maravilloso porque…

# En el aeropuerto y en la aduana

**¡La vida es así!**  Los Llorente confirman sus reservaciones con la agente de la aerolínea y abordan el avión.

**Vocabulario práctico**  Aprenderás palabras y expresiones que comúnmente se usan antes de abordar el avión, en el avión mismo y en la aduana.

**¡No me digas!**  Aprenderás los nombres de las aerolíneas de países hispanohablantes y cómo es que el gobierno de dichos países opera y controla la mayoría de ellas. También te familiarizarás con distintas palabras que se usan en varios países para la palabra *suitcase*. Incluso se discutirán los límites de peso de equipaje en vuelos internacionales y cómo hacer aduana.

**¡A practicar!**  Después de terminar esta lección, podrás ir a un aeropuerto en un país hispanohablante, verificar tu vuelo, abordar un avión, conversar con el personal de la línea aérea y otros pasajeros, y hablar de tus experiencias en la aduana.

**Repasito**  Los verbos con cambio en la raíz y reflexivos.

**¡A escribir!**  Mi viaje por avión.

# ¡La vida es así!

## En el aeropuerto y en la aduana

La familia Llorente se encuentra en el mostrador de la aerolínea. Los atiende la señorita Febles, agente de la aerolínea.

Puerta de salida 16

Vuelo 505 Madrid

| | |
|---|---|
| SRTA. FEBLES: | Buenas noches, sus boletos y sus pasaportes, por favor. |
| ROBERTO: | Aquí están. Por casualidad, ¿qué tipo de avión es? |

*(Mostrándoles el plano del avión.)*

| | |
|---|---|
| SRTA. FEBLES: | Es un 747. ¿Qué asientos desean? |
| TERESITA: | Mi hermano prefiere un asiento al lado de la ventanilla y yo quiero uno al lado del pasillo en la sección de los no fumadores. |
| GISELA: | Nosotros preferimos dos hacia el ala o en la cola. |
| SRTA. FEBLES: | Muy bien, aquí están sus asientos. ¿Cuántas maletas tienen para facturar? |
| GISELA: | Tenemos cuatro maletas y un bolso de viajero. |

*(Pesando el equipaje.)*

SRTA. FEBLES: Muy bien, no tienen sobrecargo. Aquí tienen sus tarjetas de embarque y sus comprobantes para reclamar el equipaje. Favor de estar en el salón de espera media hora antes de la salida del vuelo y de abordar el avión por la puerta de salida número 16.

ROBERTO: Mil gracias.

SRTA. FEBLES: No hay de qué. ¡Buen viaje!

*(Después de oír la orden de abordar por el altoparlante, los Llorente entran en el avión, se sientan en sus puestos y escuchan a la azafata.)*

AZAFATA: Buenas noches, damas y caballeros. Bienvenidos al vuelo 505 con destino a Madrid. Pronto vamos a despegar. Favor de abrocharse el cinturón de seguridad. De parte del piloto, el Capitán Domingo Méndez, y de la tripulación, les deseamos un feliz viaje.

*(El avión aterriza en el aeropuerto internacional de Barajas al día siguiente y la familia se pone en cola para pasar la aduana.)*

GUILLERMO: ¡Qué viaje tan cómodo!, pero pasar la aduana es una lata.

TERESITA: Sí, es una tontería, pero no queda más remedio.

*(Revisando el equipaje.)*

ADUANERO: Buenos días. Todo está en orden. Aquí tienen sus documentos y ¡feliz estadía!

## ¿Recuerdas…?

1. ¿Quién es la señorita Febles? Explica.
2. ¿Qué les muestra ella a los Llorente? ¿Por qué?
3. ¿Qué asientos desea la familia Llorente?
4. ¿Qué les da la señorita Febles a los Llorente?
5. ¿Es un viaje de día o de noche? ¿Cómo lo sabes?
6. ¿Dónde tiene que estar la familia media hora antes del vuelo?
7. ¿Por dónde escuchan la orden de abordar el avión?
8. ¿Qué les dice la azafata a los pasajeros?
9. ¿Quién es el señor Domingo Méndez? Explica.
10. ¿Qué hace la familia después de aterrizar el avión?

# Vocabulario práctico

## Nombres

| | |
|---|---|
| la aduana | customs |
| el/la aduanero/a | customs official |
| la aerolínea | airline |
| el ala (f) | wing |
| el altoparlante | loudspeaker |
| el asiento | seat |
| el aterrizaje | landing |
| la azafata | flight attendant |
| el bolso de viajero | handbag |
| el cinturón de seguridad | seatbelt |
| la cola | tail |
| el comprobante | claim ticket |
| el equipaje | luggage |
| la estadía | stay |
| la maleta | suitcase |
| el mostrador | counter |
| el/la pasajero/a | passenger |
| el pasillo | aisle |
| el/la piloto/a | pilot |
| el plano | seating plan |
| la puerta de salida | departure gate |
| el puesto | place |
| la salida | departure |
| el salón de espera | waiting room |
| la sección de los no fumadores | non-smoking section |
| el secuestro aéreo | hijacking |
| el sobrecargo | surcharge |
| la tarjeta de embarque | boarding pass |
| la tripulación | crew |
| la ventanilla | window |

## Verbos

| | |
|---|---|
| abordar | to board |
| abrocharse | to fasten |
| aterrizar | to land |
| despegar | to take off |
| facturar | to check in (baggage) |
| pesar | to weigh |
| reclamar | to claim |
| volar | to fly |

## Modismos y expresiones útiles

| | |
|---|---|
| con destino a | headed for |
| de parte de | on behalf of |
| Es una lata. | It's a nuisance. |
| Es una tontería. | It's stupid. |
| ¡Feliz estadía! | Happy stay! |
| No hay de qué. | You're welcome. |
| No queda más remedio. | There's nothing else to do. |
| pasar la aduana | to go through customs |
| por casualidad | by chance |
| Se pone a la cola. | Gets in line. |

# ¡No me digas!

Todo lo contrario a los Estados Unidos, donde hay varias líneas aéreas que se encargan de vuelos nacionales e internacionales, en los países hispanos sólo suele haber una línea aérea en cada país y, por lo general, pertenece al gobierno nacional. De manera que existe una especie de monopolio. Sin embargo, durante los últimos años esta práctica ha venido cambiando en países como México, Chile, y la Argentina. La lista que sigue representa las aerolíneas principales del mundo hispano.

| | |
|---|---|
| Argentina - Aerolíneas Argentinas | Guatemala - Aviateca |
| Bolivia - Lloyd | Honduras - Tan |
| Chile - Lanchile | México - Mexicana |
| Colombia - Avianca | Nicaragua - NICA |
| Costa Rica - Lacsa | Paraguay - LAP |
| Cuba - Cubana | Perú - Aeroperú |
| Ecuador - Ecuatoriana | República Dominicana - Dominicana |
| El Salvador - TACA | Uruguay - Pluna |
| España - Iberia | Venezuela - Viasa |

En casi todo Hispanoamérica se usa la palabra **maleta** (*suitcase*). En México, las palabras más comunes son **velís** y **petaca** (ésta quiere decir petaquilla en partes de Nuevo México). La **valija** es la palabra corriente en la Argentina y el Uruguay.

El peso máximo de equipaje que se permite por persona en vuelos internacionales varía de una línea aérea a otra. Algunas aerolíneas no tienen límites de peso; otras, imponen su propio límite. Si el peso excede este límite se tiene que pagar un **sobrecargo** (*surcharge*) según las reglas establecidas por cada compañía.

Toda persona al llegar a un país extranjero tiene que pasar la aduana; es decir, está obligada a mostrar ciertos documentos, por ejemplo, pasaporte o **tarjeta turística** (*tourist card*). Un oficial de la aduana también suele preguntar si tiene algo que declarar que no sea de uso personal; en tal caso, tendrá que pagar ciertos **impuestos** (*duty taxes*).

Todo ciudadano norteamericano, por ejemplo, tiene que tener un pasaporte para poder viajar a muchos países extranjeros. Para conseguir uno, tiene que llenar un formulario, el cual se puede conseguir en la Oficina de Correos, y enviarlo con dos fotos en blanco y negro a la ciudad cuyo nombre aparece en dicho formulario, junto con un cheque con la cantidad que se requiere. El proceso, en total, tarde unas tres semanas.

# ¡A practicar!

**A. Llena el blanco.** Escoge la palabra que mejor complete cada oración.

1. El motor del avión está debajo del
   _____.
   a. piloto
   b. ala
   c. pasillo

2. Le muestro mi _____ al
   aduanero.
   a. puesto
   b. mostrador
   c. pasaporte

3. Nosotras tenemos una _____
   para facturar.
   a. tripulación
   b. maleta
   c. estadía

4. Tú necesitas tus _____ para
   reclamar el equipaje.
   a. tarjetas de embarque
   b. comprobantes
   c. boletos

5. Señor, su equipaje pesa mucho y tiene que
   pagar _____.
   a. aduana
   b. sobrecargo
   c. tripulación

**B. Asociaciones.** Empareja las palabras que mejor se asocien.

1. ___ de nada
2. ___ escuchar
3. ___ asiento
4. ___ aterrizar
5. ___ equipaje
6. ___ preferir

a. oír
b. puesto
c. no hay de qué
d. maleta
e. llegar
f. desear

**C. Llena el blanco.** Completa las oraciones con las siguientes palabras relacionadas con el aeropuerto.

| maletero | aduana | tripulación | aduanero | azafata | salón de espera |
|----------|--------|-------------|----------|---------|-----------------|

1. Cuando regresas de España necesitas pasar por la _____.

2. La persona que sirve la comida en el avión es la _____.

3. El lugar donde esperas antes de abordar el avión es el _____.

4. El piloto es uno de los miembros de la _____.

5. La persona que revisa las maletas es el _____.

**D. ¡Es una lata!** Completa el párrafo con la forma apropiada de las siguientes palabras o expresiones.

| | | |
|---|---|---|
| abordar | hacer cola | ser una lata |
| mostrador | equipaje | agente |
| salón de espera | quedar más remedio | comprobante |
| tarjeta de embarque | aerolínea | plano |

Hay mucha gente en frente del _____ de la _____ y por eso tengo

que _____. _____, pero no _____. Por fin hablo con el

_____ y él pesa mi _____ y me muestra el _____ del

avión. Luego me da la _____ y el _____. Ahora mismo voy para el

_____ porque tengo que _____ el avión pronto.


**E. Iberia.** Lee el anuncio y contesta las siguientes preguntas.

**IBERIA**
**Puente Aéreo**

**14.950** pts.

* Precio por trayecto

TARIFA FLEXIBLE: Un servicio pensado para Vd. que le
reportará muchas ventajas

- FACILIDAD Y COMODIDAD EN SUS DESPLAZAMIENTOS.
  - Todos los días
  - A cualquier hora
  - Llegar y volar (sin reserva)

- SERVICIO.
  - Más de 60 vuelos diarios
  - Cada 15 minutos en horas punta
  - Terminal y sala especial Puente Aéreo

- IBERIA-PLUS.
  - Cada vez que utilice su tarjeta IBERIA-PLUS, obtendrá 60 puntos por trayecto. Esto significa un vuelo gratis de ida y vuelta a cualquier punto de la Península o Baleares, por cada 8 vuelos de ida y vuelta realizados. Igualmente puede aplicar estos puntos a cualquier otro destino, nacional o internacional que Vd. elija.

- TARIFA FLEXIBLE, un servicio pensado para Vd. Para que llegue al Aeropuerto y embarque en el próximo vuelo con plazas disponibles. En el PUENTE AEREO. Algo que sólo IBERIA puede ofrecerle.

**IBERIA**
...Es lo suyo

Tarifas y condiciones indicadas pueden no estar vigentes en la actualidad.

1. ¿Cuándo tiene vuelos la aerolínea?
2. ¿Cuánto cuesta cada vuelo?
3. ¿Cuántos vuelos diarios tiene la aerolínea?
4. ¿Cada cuánto salen estos vuelos?
5. ¿Qué es la *Iberia-Plus*? Explica.
6. ¿Cuál es la ventaja de usar la *Iberia-Plus*?

**F. Barcos de Oro.** Lee el comprobante y contesta las siguientes preguntas.

## Barcos De Oro
### DATOS DEL PASAJERO

NOMBRE DE PILA: _____

APELLIDO: _____

FECHA DE NACIMIENTO: _____

NACIONALIDAD: _____

PAÍS DE RESIDENCIA: _____

SEXO:   M [ ]   F [ ]

1. ¿Por qué necesita *Barcos De Oro* los datos de los pasajeros?
2. ¿Qué es un nombre de pila? Explica.
3. ¿Qué apellido debe usar la mujer? ¿Por qué?
4. ¿Por qué es importante la fecha de nacimiento?
5. ¿Qué diferencia hay entre nacionalidad y país de residencia?

**G. Cuéntaselo a la clase.**

1. ¿Te pones nervioso/a cuando viajas por avión? ¿Por qué?
2. ¿Cuáles son cinco aerolíneas importantes? Da los nombres.
3. ¿Dónde prefieres sentarte cuando viajas por avión? ¿Por qué?
4. ¿Crees que hacer aduana es una lata o es una cosa necesaria? ¿Por qué?
5. ¿Qué harías en caso de un secuestro aéreo? Explica.

# H. Descripción del dibujo.

1. Describe lo que están haciendo los pasajeros en el dibujo mientras esperan para abordar el avión.

2. Mira el dibujo y contesta las siguientes preguntas.

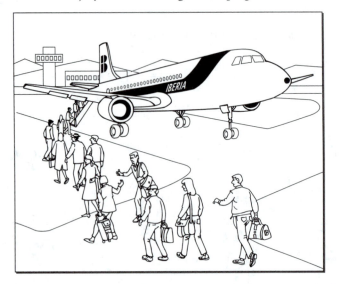

1. ¿Dónde están los motores de este avión?
2. ¿El avión va a despegar o a aterrizar? Explica.
3. ¿Cómo se llama la aerolínea? ¿De qué país es?
4. ¿Quiénes están haciendo cola? ¿Por qué?
5. ¿Por dónde están abordando el avión los pasajeros?

 I. Charlemos un poco.

1. **En el mostrador de la aerolínea.** Con un/a compañero/a imagínense que son un/a agente de la aerolínea y un/a pasajero/a. Inventen una conversación. Sigan las siguientes instrucciones:
   - Salúdalo/la
   - Pídele su boleto
   - Pregúntale por su equipaje
   - Pregúntale qué asiento prefiere
   - Indícale por dónde tiene que abordar el avión
   - Anuncia la salida del vuelo

2. **En la sala de reclamaciones.** Con un/a compañero/a, inventen una situación. El/la agente ha perdido tu maleta y tú no tienes el comprobante para reclamarla.

3. **Las aerolíneas.** Júntate con varios compañeros/as y comparen las experiencias (tanto las buenas como las malas) que han tenido viajando en diferentes aerolíneas.

4. **En el 747.** El salón de clase se convertirá en un 747, y varios de ustedes harán el papel de la tripulación. Los otros serán los pasajeros. Ejemplos: uno de los pasajeros tiene miedo y hay que calmarlo; otro viaja con sus niños; a otro no le gusta la comida.

# Repasito

## Los verbos con cambios en la raíz

Hay tres grupos de verbos en los que la vocal de la raíz cambia en algunos tiempos.

- **Primer grupo:** algunos verbos que terminan en **-ar** y **-er** cambian la **e → ie** y la **o → ue** en todas las personas del presente del indicativo y del presente del subjuntivo menos **nostoros** y **vosotros**.

| CERRAR (e → ie) | |
|---|---|
| **INDICATIVO** | **SUBJUNTIVO** |
| cierro | cierre |
| cierras | cierres |
| cierra | cierre |
| cerramos | cerremos |
| cerráis | cerréis |
| cierran | cierren |

| CONTAR (o → ue) | |
|---|---|
| **INDICATIVO** | **SUBJUNTIVO** |
| cuento | cuente |
| cuentas | cuentes |
| cuenta | cuente |
| contamos | contemos |
| contáis | contéis |
| cuentan | cuenten |

| ENTENDER (e → ie) | |
|---|---|
| **INDICATIVO** | **SUBJUNTIVO** |
| entiendo | entienda |
| entiendes | entiendas |
| entiende | entienda |
| entendemos | entendamos |
| entendéis | entendáis |
| entienden | entiendan |

Otros verbos que forman parte del primer grupo son: **comenzar**, **empezar**, **encontrar**, **mostrar**, **negar**, **sentar**, **llover**, **perder** y **soler**.

- **Segundo grupo:** algunos verbos que terminan en **-ir** cambian la **e → ie** y de **o → ue** en todas las personas del presente del indicativo y del presente del subjuntivo menos **nosotros** y **vosotros**. Estas dos personas cambian la **e → i** y la **o → u** en el presente del subjuntivo.

| SENTIR (e → ie) | |
|---|---|
| **INDICATIVO** | **SUBJUNTIVO** |
| siento | sienta |
| sientes | sientas |
| siente | sienta |
| sentimos | sintamos |
| sentís | sintáis |
| sienten | sientan |

| DORMIR (o → ue) | |
|---|---|
| **INDICATIVO** | **SUBJUNTIVO** |
| duermo | duerma |
| duermes | duermas |
| duerme | duerma |
| dormimos | durmamos |
| dormís | durmáis |
| duermen | duerman |

¡OJO! Todos estos verbos cambian la **e → i** y la **o → u** en la tercera persona singular y plural del pretérito (**sintió/sintieron, durmió/durmieron**), así como en todas las personas del imperfecto del subjuntivo, como veremos más adelante. Otros verbos que forman parte del segundo grupo son: **consentir, divertir, mentir, preferir** y **morir**.

- **Tercer grupo:** algunos verbos que terminan en **-ir** cambian la **e → i** en todas las personas del presente del indicativo menos **nosotros** y **vosotros**. En el presente del subjuntivo y en el imperfecto del subjuntivo la **e** cambia a **i** en todas las personas, igual que en la tercera persona singular y plural del pretérito (**pidió/pidieron**). Otros verbos que forman parte del tercer grupo son: **despedir, repetir, servir, reír, seguir** y **vestir**.

| PEDIR (e → i) | | |
|---|---|---|
| **INDICATIVO** | **SUBJUNTIVO** | **SUBJUNTIVO IMPERFECTO** |
| pido | pida | pidiera |
| pides | pidas | pidieras |
| pide | pida | pidiera |
| pedimos | pidamos | pidiéramos |
| pedís | pidáis | pidierais |
| piden | pidan | pidieran |

## ¿Qué son los verbos reflexivos?

Un verbo reflexivo se puede reconocer, en primer lugar, porque la acción recae sobre el mismo sujeto; en segundo lugar, un verbo reflexivo siempre se conjuga usando los pronombres reflexivos **me, te, se, nos, os** y **se**. La forma reflexiva en inglés no es tan común pero se puede ver claramente en la siguiente oración:

EJEMPLO: **Yo me lavo todas las mañanas.**
*I wash myself every morning.*

| PRONOMBRES | |
|---|---|
| **PERSONALES** | **REFLEXIVOS** |
| yo | me |
| tú | te |
| él, ella, usted | se |
| nosotros/as | nos |
| vosotros/as | os |
| ellos, ellas, ustedes | se |

| LAVARSE | |
|---|---|
| Yo **me lavo**. | Nosotros **nos lavamos**. |
| Tú **te lavas**. | Vosotros **os laváis**. |
| Él **se lava**. | Ellas **se lavan**. |

Otros verbos reflexivos:

| | |
|---|---|
| **abrocharse** | *to button up; to fasten* |
| **bañarse** | *to bathe; to wash up* |
| **casarse** | *to get married* |
| **encontrarse** | *to come across or to meet someone* |
| **levantarse** | *to get up* |
| **morirse** | *to die* |
| **pararse** | *to stand (up)* |
| **ponerse** | *to put on (e.g., hat)* |
| **sentarse** | *to sit down* |
| **vestirse** | *to get dressed* |

 El pronombre reflexivo es, así mismo, un pronombre del complemento directo o indirecto. Indica que el sujeto y el objeto de la oración son la misma persona o cosa.

**Un paso más.** Traduce al español las siguientes oraciones usando verbos reflexivos y verbos con cambios en la raíz.

1. Guillermo has to buckle up his seat belt.

   _____

2. Gisela gets up at 6 o'clock because she has to go to the airport.

   _____

3. I met María in the waiting room.

   _____

4. We always bathe before eating breakfast.

   _____

5. Do you (**tú**) prefer a seat in the non-smoking section?

   _____

6. She puts on her coat before going to the airport.

   _____

7. His dog died after the accident.

   _____

8. The boys dressed very quickly because the plane is leaving at seven.

   _____

9. Her parents don't understand the seating plan.

   _____

10. We stood up when the customs official entered.

   _____

# ¡A escribir!

**Mi viaje por avión.** Prepara una composición sobre un viaje por avión. Los pasos te ayudarán en la tarea.

TEMA: Mi viaje por avión.

▶ **Paso 1. Introducción.** Termina la frase.

El motivo del viaje fue…

▶ **Paso 2. Desarrollo.** Contesta las preguntas.

1. ¿Por qué escogiste viajar por avión?
2. ¿Escogiste el vuelo por conveniencia o por la reputación de la aerolínea?
3. El avión…
   a. ¿Era grande?
   b. ¿Era cómodo?
   c. ¿Había películas?
4. La atención…
   a. ¿Eran atentos los empleados?
   b. ¿Era buena la comida?
5. El vuelo…
   a. ¿Cómo fue el despegue?
   b. ¿Fue un vuelo largo o corto?
   c. ¿Hubo problemas o tormentas?
   d. ¿Cómo fue el aterrizaje?

▶ **Paso 3. Conclusión.** Escribe por lo menos tres razones por las que (no) volverías a viajar por avión.

Yo (no) volvería a viajar por avión porque…

# En el hotel

| | |
|---|---|
| **¡La vida es así!** | ¡Los Llorente están en el hotel! |
| **Vocabulario práctico** | Estudiarás palabras y expresiones que se relacionan a hoteles y a su personal. |
| **¡No me digas!** | Serás introducido a varios tipos de hospedaje turístico, como también al **conserje**, y conocerás algo del **Libro de Reclamaciones**. Incluso sabrás algo del sistema que utiliza el gobierno español para determinar la categoría de cada hotel. Dicho sistema incluye también los **paradores** (*stop overs*) que son operados por el gobierno. |
| **¡A practicar!** | Al terminar esta lección serás capaz de escoger hospedaje, verificar y desocupar la habitación del hotel, y conversar con el personal. |
| **Repasito** | Comparación de sustantivos, adjetivos y adverbios. |
| **¡A escribir!** | Mi hotel favorito… |

# ¡La vida es así!

## ¡Los Llorente están en el hotel!

Los Llorente llegan a la recepción del *Hotel Europa*, un hotel de tres estrellas en el centro de Madrid.

| | |
|---|---|
| GUILLERMO: | Papá, ¿por qué no nos hospedamos en un hostal? Los hostales son más baratos que los hoteles. |
| TERESITA: | ¡Ay, Guille! ¡Qué tacaño eres! Un hostal es menos cómodo que un hotel. |

*(Momentos después...)*

| | |
|---|---|
| RECEPCIONISTA: | Buenos días. ¿En qué puedo servirles? |
| ROBERTO: | Buenos días. ¿Tiene habitaciones disponibles? |
| RECEPCIONISTA: | ¿Tienen reservaciones? |
| GISELA: | No, señor, acabamos de llegar. |
| RECEPCIONISTA: | Siempre es más conveniente hacerlas porque se evitan dolores de cabeza. Además, es la temporada, y los hoteles están llenos. |
| ROBERTO: | Entonces, ¿no tiene nada? ¿Ni siquiera hay sencillos disponibles? |
| RECEPCIONISTA: | No sé, voy a mirar el registro. |
| GISELA: | Ahora sí que estamos fritos. |

| | |
|---|---|
| ROBERTO: | Sí, ¡y tú que decías que era mejor ir por nuestra propia cuenta! ¡Qué desastre! |
| RECEPCIONISTA: | *(Mirando el registro…)* Un momento. ¡Enhorabuena! Hay dos habitaciones dobles desocupadas. Están en la primera planta. |
| GISELA: | ¡Chévere! ¿Cuánto cuestan? |
| RECEPCIONISTA: | Cada habitación cuesta 7.000 pesetas diarias sin pensión. |
| TERESITA: | ¿Tienen cuarto de baño privado? |
| RECEPCIONISTA: | Sí, cada una tiene su cuarto de baño privado con ducha, bañera, wáter y lavabo. Una da a la calle y la otra no, pero ambas tienen aire acondicionado. |
| ROBERTO: | ¿Aceptan tarjetas de crédito? |
| RECEPCIONISTA: | Sí, aceptamos tarjetas de crédito y también pueden pagar en efectivo o con cheques de viajero. |
| GISELA: | Muy bien. Nos quedamos con ellas. |
| RECEPCIONISTA: | Bien, aquí tienen las llaves. Favor de firmar el registro y entregarme sus pasaportes para tomarles los datos. Después pueden recogerlos en el casillero. Ya pueden tomar el ascensor que está al lado del vestíbulo. |
| TERESITA: | ¿Y el equipaje? |
| RECEPCIONISTA: | No se preocupen, que ahora mismo el botones se lo va a subir. ¡Que lo pasen bien! |
| ROBERTO: | Gracias, muy amable. |

## ¿Recuerdas…?

1. ¿Cómo se llama el hotel?
2. ¿Dónde queda y qué clase de hotel es? Explica.
3. ¿Por qué quiere Guillermo que se hospeden en un hostal?
4. ¿Por qué quiere Teresita hospedarse en un hotel?
5. ¿Por qué están llenos los hoteles?
6. ¿Qué ve el recepcionista en el registro?
7. ¿Cuánto cuesta una doble en pesetas?
8. ¿Cómo pueden los Llorente pagar las habitaciones?
9. ¿Qué tienen que entregarle los Llorente al recepcionista?
10. ¿Quién les va a subir el equipaje a la habitación?

# Vocabulario práctico

## Nombres

| | |
|---|---|
| el ascensor | elevator |
| la bañera | bathtub |
| el botones | bell-hop |
| la cama | bed |
| la camarera | maid; chambermaid |
| el casillero | set of mailboxes |
| el cheque de viajero | traveler's check |
| la copa | wine glass |
| la cuchara | tablespoon |
| la cucharita | teaspoon |
| el cuchillo | knife |
| el/la conserje | concierge |
| el cuarto de baño | bathroom |
| el doble | room with a double bed |
| la ducha | shower |
| el/la gerente | manager |
| el hostal | hostal, inn |
| el/la huésped/a | guest |
| el jabón | soap |
| el lavabo | sink |
| la llave | key |
| la manta | blanket |
| la molestia | trouble; bother |
| el papel higiénico | toilet paper |
| la piscina | swimming pool |
| el platillo | saucer |
| el plato | plate |
| la queja | complaint |
| el registro | register |
| la sábana | bedsheet |
| la servilleta | napkin |
| el sencillo | single room |
| la tarjeta de crédito | credit card |
| la taza | cup |
| el tazón | bowl (soup) |
| la temporada | tourist season |
| el tenedor | fork |
| el vaso | glass |
| el vestíbulo | foyer, lobby |
| el wáter | toilet |

## Verbos

| | |
|---|---|
| alojarse | to lodge |
| entregar | to hand (over) |
| firmar | to sign |
| hospedarse | to lodge |
| quejarse | to complain |
| recoger | to pick up |
| subir | to bring up (the luggage) |

## Adjetivos

| | |
|---|---|
| cómodo/a | comfortable |
| descompuesto/a | broken |
| desocupado/a | vacant |
| diario/a | daily |
| disponible | available |
| limpio/a | clean |
| lujoso/a | luxurious |
| sucio/a | dirty |

## Modismos y expresiones útiles

| | |
|---|---|
| acabar de | to have just + (infinitive) |
| al lado de | next to |
| apenas | barely |
| ¡Chévere! | Great! |
| dar a la calle | to face the street |
| en efectivo | in cash |
| ¡Enhorabuena! | Congratulations! |
| estar frito | to be in a bind |
| estar lleno | to be full |
| ni siquiera | not even |
| No se preocupen. (pl.) | Don't worry. |
| por casualidad | by chance |
| quedarse con | to keep, take |
| ¡Qué desastre! | What a mess! |
| ¡Que lo pasen bien! | Have a good time! |
| ser tacaño | to be stingy |

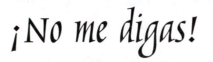

# ¡No me digas!

La **Junta Directiva de Turismo Español** (*Spanish Tourist Board*), bajo la dirección del gobierno español, usa de una a cinco estrellas para clasificar la categoría de cada hotel. Se les da cinco estrellas a los hoteles más elegantes, y una estrella a los menos extravagantes. También hay lo que se llaman **paradores**, que son hoteles de lujo, a veces retirados de la ciudad y bajo la gerencia del gobierno. Muchos de estos paradores son castillos y monasterios antiguos que han sido restaurados y convertidos en hoteles de gran esplendor.

Los precios de los hoteles en España están controlados por el gobierno; así que la tarifa para una habitación suele hallarse tanto en el vestíbulo como en las mismas habitaciones. Los precios citados incluyen impuestos, sobrecargos y cobros por ciertos servicios.

En español hay varios términos para un cuarto de dormir en un hotel: **habitación**, **recámara**, **alcoba** y **cuarto** son los que se usan con más frecuencia. El uso de una palabra u otra depende del país.

Hay dos tipos de hoteles que son relativamente baratos: **hostales** (*inns*) y **pensiones** (*boarding houses*). La palabra **pensión** también se puede referir a pensión completa, lo cual incluye las tres comidas del día en la misma pensión. Comparado con los Estados Unidos, estas acomodaciones no cuestan mucho, pero a veces hay un sobrecargo de un veinticinco por ciento a los huéspedes que no comen por lo menos una comida por día en el hotel.

En los hoteles europeos y latinoamericanos **la planta baja** es igual al **primer piso** o **piso principal** en los Estados Unidos, de manera que el primer piso sería el segundo piso en los Estados Unidos.

Al llegar un huésped a un hotel, particularmente si es de lujo, es posible que se encuentre con un **conserje**. Esta persona normalmente habla varios idiomas, les da la bienvenida a los huéspedes, y se encarga de hacer cualquier arreglo por parte de ellos, ya sea un viaje a un museo o a otra ciudad. A veces el conserje sólo se encarga de la entrada de un edificio, sea o no un hotel.

Por ley, todo hotel, bar y restaurante en España debe tener lo que se llama el **Libro de Reclamaciones** (*Complaints' Book*). Si un huésped por cualquier razón no queda satisfecho, puede anotar su queja en dicho libro. El Libro de Reclamaciones suele ser revisado a menudo por algún oficial del Ministerio de Información y Turismo.

# ¡A practicar!

**A. Rompegrupo.** Elimina en cada línea la palabra que no se relaciona con las demás.

1. a. sábana       b. manta               c. piscina
2. a. lavabo       b. vestíbulo           c. jabón
3. a. registro     b. recepción           c. ducha
4. a. desocupado   b. disponible          c. lleno
5. a. llave        b. tarjeta de crédito  c. cheque de viajeros
6. a. ascensor     b. doble               c. sencillo
7. a. recepción    b. conserje            c. wáter
8. a. hostal       b. hotel               c. bañera

**B. Asociaciones.** Empareja las palabras con sus definiciones.

1. ____ Lugar que se usa para dormir                a. la camarera

2. ____ Se usa para lavarse la cara.                b. la cama

3. ____ Persona que sube o baja el equipaje         c. la piscina

4. ____ Lugar donde se ponen las llaves             d. el aire acondicionado

5. ____ Se usa cuando hace mucho calor              e. el jabón

6. ____ Se usa para subir a las habitaciones        f. el registro

7. ____ Persona que limpia la habitación            g. el botones

8. ____ Libro donde una persona firma               h. el ascensor

9. ____ Persona que se aloja en un hotel            i. el huésped

10. ____ Lugar donde uno puede nadar                j. el casillero

**C. Distinciones.** Explica oralmente las diferencias entre:

1. un hotel y una pensión
2. un sencillo y un doble
3. la planta baja y el primer piso
4. la camarera y el botones
5. una tarjeta de crédito y un cheque de viajero

**D. ¿Qué dirías tú?** Escoge del **Vocabulario práctico** el modismo o la expresión que corresponda a cada situación.

1. El hotel está lleno y no tienen reservaciones.
2. El hotel está lleno pero el recepcionista te consigue una habitación.
3. El aire acondicionado no funciona, la habitación está sucia y no hay agua caliente.
4. El conserje quiere desearles una feliz estadía.
5. Tu hermana no quiere darte dinero.

**E. Hotel Ramiro I.** Lee la descripción del *Hotel Ramiro I* y contesta las preguntas.

*Hotel Ramiro I*

**Categoría ★ ★ ★**

Totalmente climatizado. 104 habitaciones con baño completo. Televisión vía satélite en todas las habitaciones. Salones de convenciones. Cafetería. Garaje en el propio edificio. Céntrico. A siete minutos, andando, de la Basílica del Pilar.

Teléfono (976) 29 82 00 - Fax: (976) 39 89 52.

Dirección Postal: Coso, 123 - ZARAGOZA.

Dirección Telegramas: RAMIROTEL. Telex: 5 86 89

1. ¿En qué ciudad está el *Hotel Ramiro I*?
2. ¿Es un hotel lujoso? ¿Cómo lo sabes?
3. ¿En qué parte de la ciudad queda el hotel? ¿Cómo lo sabes?
4. ¿Hay piscina en el hotel o no? Explica.
5. ¿Hay un fax? ¿Cuál es el número?
6. ¿Cuánto tiempo toma ir a pie del hotel a la Basílica del Pilar?
7. ¿Las personas de negocios pueden reunirse en este hotel? ¿Cómo lo sabes?
8. ¿Puede un huésped comer en el hotel? ¿Cómo lo sabes?
9. ¿Cuántas habitaciones tiene el hotel?

**F. Cuéntaselo a la clase.**

1. Cuando viajas, ¿prefieres llevar dinero en efectivo, tarjeta de crédito, o cheques de viajero?
2. ¿Te gustaría hospedarte en un parador? Explica tu respuesta.
3. Si estás en la habitación de un hotel y necesitas algo, ¿qué haces?
4. Si llegas a la habitación de un hotel y no hay ni agua caliente, ni papel higiénico y el cuarto está sucio, ¿qué haces tú?
5. ¿Has tenido alguna mala experiencia en un hotel? Cuéntasela a la clase.
6. ¿Querrías trabajar en un hotel? Explica por qué sí o no.

## G. Descripción del dibujo.

1. ¿Cómo se llama el hotel?
2. ¿Cuántas estrellas tiene el hotel?
3. ¿Qué está haciendo el recepcionista?
4. ¿Qué hay en los casilleros?
5. ¿Dónde están los otros huéspedes? ¿Qué hacen?
6. ¿Qué está haciendo el botones?

## H. Charlemos un poco.

1. **En la recepción del hotel.** Uno/a de ustedes hará el papel de un/a turista que quiere hospedarse en el hotel y el otro será el/la recepcionista. Inventen un diálogo poniendo en práctica lo que han aprendido en esta lección.

2. **Buscando información.** Uno/a de ustedes será un agente de viajes que necesita información sobre el hotel para un grupo de turistas. El/la otro/a será el gerente y contestará las preguntas del agente.

3. **Una queja al gerente.** Varios de ustedes serán los huéspedes en un hotel donde nada funciona bien. Uno/a de sus compañeros/as será el gerente y tratará de resolver cada una de las situaciones.

# Repasito

## Comparación de sustantivos, adjetivos y adverbios

Las comparaciones pueden ser de superioridad, inferioridad e igualdad. Dichas comparaciones se expresan empleando las siguientes combinaciones.

| | |
|---|---|
| **más… que** | *more… than* |
| **menos… que** | *less… than* |
| **tan… como** | *as… as* |
| **tanto/a… como** | *as much… as* |
| **tantos/as… como** | *as many… as* |
| **más de + (numero)** | *more than* + number |

EJEMPLOS: Yo tengo **más** sábanas **que** mantas.
El conserje es **menos** amable **que** el botones.
Nuestro hotel es **tan** grande **como** su hotel.
José y Roberto tienen **tanto** dinero **como** sus abuelos.
En el hotel hay **tantas** llaves **como** casilleros.
Ella tiene **más de** mil libros y yo tengo **menos de** cien.

 Las formas comparativas de **bueno, malo, grande** y **pequeño** son irregulares y se forman de la siguiente manera: **bueno → mejor, malo → peor, grande → mayor, pequeño → menor, bien → mejor, mal → peor.**

**A. Un paso más.** Escribe cinco oraciones breves en español usando cada una de las combinaciones citadas anteriormente y luego, tradúcelas al inglés.

1. _____

2. _____

3. _____

4. _____

5. _____

**B. Ejercicios breves.** Escoge, según las reglas de los comparativos, el comparativo correcto para cada una de las siguientes oraciones.

1. Mis hermanos son _____ (tan/tantos) altos como yo.
2. Pedro quiere _____ (tan/tanta) leche como su novia.
3. Rebeca tiene _____ (más de/más que) veinte dólares.
4. Los norteamericanos no saben _____ (tan/tantos) idiomas como los europeos.
5. Teresa conoce menos gente _____ (de/que) Gertrudis.

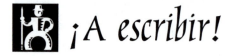 **¡A escribir!**

**Mi hotel favorito....** Prepara una composición sobre el siguiente tema. Los pasos te ayudarán en la tarea.

**TEMA:** Mi hotel favorito es…

▶ **Paso 1. Introducción.** Termina las frases.

> 1. Mi hotel favorito es…
> 2. El hotel queda en…

▶ **Paso 2. Desarrollo.** Contesta las preguntas.

> 1. ¿Cómo es el hotel?
> 2. ¿Es caro o barato?
> 3. ¿Cómo son las habitaciones?
> 4. ¿Cómo es el servicio?
> 5. ¿Qué otros servicios ofrece el hotel?

▶ **Paso 3. Conclusión.** Escribe por lo menos tres razones por las que recomiendas ese hotel.

> Yo recomiendo el hotel porque…

# La comida española

# ¡La vida es así!

## La comida española

Madrid, 3 de junio

Querida María Elena,

Hace tres días que llegamos a Madrid pero pronto vamos a ponernos a dieta porque aquí se come mucho. Además, el clima es maravilloso; todavía no hace mucho calor.

Ayer nos levantamos temprano y fuimos a un café a tomar un desayuno ligero. Todos pedimos café con leche y pan con mantequilla.

Después del desayuno fuimos a dar un paseo por el parque El Retiro, que es el parque más hermoso de Madrid. Luego fuimos a visitar varios museos.

A eso de las dos de la tarde fuimos a almorzar a un restaurante porque en España el almuerzo se toma entre las dos y las cuatro. A propósito, aquí al almuerzo lo llaman la comida.

Al llegar al restaurante, el camarero nos trajo el menú inmediatamente. Roberto pidió una ensalada de lechuga y tomate, un bistec de solomillo bien cocido, un flan y un vaso de vino. Los chicos comieron los entremeses especiales de la casa, compartieron un cochinillo asado, y pidieron helado de postre. Yo pedí el menú del día que incluyó una sopa de pescado, paella valenciana, torta de manzana y cerveza.

El servicio lo encontré muy bueno aunque Roberto tuvo que dar varias palmadas, porque aquí es costumbre hacer sobremesa, y por eso los camareros se demoran en traer la cuenta.

El almuerzo no nos costó un ojo de la cara y todo salió muy barato. Salimos a las tres y media del restaurante y fuimos al hotel para dormir la siesta.

Después de dormir más de la cuenta, los chicos decidieron quedarse en el hotel y Roberto y yo fuimos a dar un paseo por la Plaza Mayor. Como aquí no se cena hasta las diez de la noche, estuvimos paseando y comiendo tapas y bebiendo cerveza en un café al aire libre. A las diez fuimos a cenar. Nosotros cenamos en un restaurante pero Tere y Guille pidieron una pizza por teléfono, porque eso aquí está muy de moda.

Bueno, hermana, ya ves que aquí comer es un placer.

Cariños y abrazos a todos,

Gisela

## ¿Recuerdas…?

1. ¿A quién le escribe Gisela una carta?
2. ¿Por qué dice Gisela que van a tener que ponerse a dieta?
3. ¿Por qué fueron a un café los Llorente?
4. ¿Qué es El Retiro y por qué fueron allí? Explica.
5. ¿A qué hora se toma el almuerzo en España?
6. ¿Qué pidió Roberto para comer y para tomar?
7. ¿Quiénes comieron cochinillo asado?
8. ¿Por qué tuvo Roberto que dar varias palmadas?
9. ¿Por qué fueron todos al hotel después del almuerzo?
10. ¿Qué hicieron los chicos por la noche?
11. ¿A qué hora fueron a un café los Llorente?

# Vocabulario práctico

## Nombres

| | |
|---|---|
| el agua mineral | mineral water |
| el arroz | rice |
| la banana (plátano) | banana |
| el bistec de solomillo | sirloin steak |
| el café con leche | coffee with milk |
| el/la camarero/a | waiter/waitress |
| los camarones | shrimp |
| la cerveza | beer |
| las chuletas de cerdo | pork chops |
| la ensalada | salad |
| el entremés | appetizer |
| el flan | caramel custard |
| el helado | ice cream |
| los huevos fritos | fried eggs |
| los huevos revueltos | scrambled eggs |
| el jugo | juice |
| la leche | milk |
| la lechuga | lettuce |
| la mantequilla | butter |
| la manzana | apple |
| la naranja | orange |
| el pan | bread |
| el pan tostado | toast |
| las papas, las patatas | potatoes |
| la pechuga de pollo | chicken breast |
| el pescado | fish |
| la pimienta | pepper |
| el pollo asado | broiled chicken |
| el postre | dessert |
| la propina | tip to waiter |
| la sopa de pescado | fish soup |
| el té | tea |
| el tomate | tomato |
| la torta | cake |
| el vino tinto | red wine |

## Verbos

| | |
|---|---|
| beber | to drink |
| cenar | to dine |
| comer | to eat |
| degustar | to taste |
| desayunar(se) | to have breakfast |
| pedir | to order; to ask for |
| probar | to taste |
| traer | to bring |

## Adjetivos

| | |
|---|---|
| asado/a | roasted |
| bien cocido/a | well-done, well-cooked |
| caliente | hot |
| crudo/a | rare; raw |
| frío/a | cold |
| ligero/a | light |
| sabroso/a | delicious, tasty |
| maravilloso/a | marvelous |

## Modismos y expresiones útiles

| | |
|---|---|
| a eso de | around (time) |
| a propósito | by the way |
| ¡Buen provecho! | Enjoy your meal! |
| el café al aire libre | sidewalk cafe |
| cariños a | (give my) love to |
| como verás | as you'll see |
| costar un ojo de la cara | to cost an arm and a leg |
| dar un paseo | to take a stroll |
| ¿Desean algo más? | Anything else? |
| estar muy de moda | to be in style; it's the in thing |
| estarse muriendo de hambre | to be famished |
| la cuenta, por favor | the check, please |
| la especialidad de la casa | the speciality of the house |
| más de la cuenta | more than usual |
| perder el tiempo | to waste time |
| ¿Podría traerme el menú? | Could I see the menu? |
| ponerse a dieta | to go on a diet |
| tomar el desayuno | to have breakfast |

# ¡No me digas!

Las comidas en países hispanohablantes son diferentes a las que comemos en los Estados Unidos. Por ejemplo, el **desayuno** (*breakfast*) es muy ligero y se toma entre las siete y las nueve de la mañana. El significado de la palabra varía en español según el país: en España se usa desayuno; en Nuevo México y el sur de Colorado se usa la palabra **almuerzo**. Sin embargo, en ciertos países hispanoamericanos almuerzo se refiere a la comida del mediodía. En casi todo el mundo hispanohablante, la comida principal (fuerte) del día se toma entre las dos y las cuatro de la tarde. En España se llama **comida**, no almuerzo. Como los españoles cenan tarde (después de las diez de la noche), a menudo toman una **merienda** (*snack*) o unas **tapas** (*appetizers*) antes de la cena.

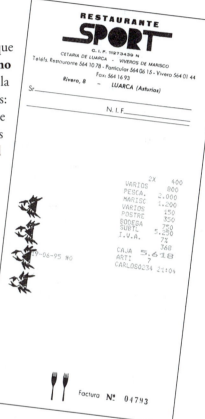

El símbolo que usa el gobierno español para categorizar los restaurantes es **un tenedor**. A los más sobresalientes se les da cinco tenedores; los más simples o modestos reciben un tenedor.

Algunas características de restaurantes españoles son: **menú del día**, una comida completa por un precio bastante barato; **hojas de reclamación**, **hojas de queja** que requiere el gobierno español para proteger a la clientela y que llena el cliente; y **la propina** que a veces se incluye en la cuenta. Sin embargo, no es nada raro dejar una propina adicional, particularmente si la comida o el camarero han sido de lo mejor.

En España e Hispanoamérica, **el café** es un sitio importante no sólo para comer sino para juntarse con amigos. En muchos cafés españoles los camareros comparten toda la propina que se guarda en un frasco o una jarra que le llaman **el bote**. Además, se acostumbra llamar a un camarero **dando palmadas**. También es bastante común charlar por un largo rato después de una comida. A esto se le llama **la sobremesa**.

Cinco platos especiales que se encuentran a menudo en España son: **cocido madrileño** (Madrid) el cual se prepara con **guisantes** (*peas*), patatas, carne picada, **chorizo** (*sausage*) y **tocino** (*bacon*); **cochinillo asado** (Segovia) (*roast suckling pig*); **paella** (Valencia) una cacerola hecha con arroz y mariscos; **zarzuela de mariscos** (Madrid) (*seafood stew*); y **gazpacho** (Andalucía) sopa fría hecha con tomates, pepinos y **pimientos verdes** (*bell peppers*).

# ¡A practicar!

**A. Rompegrupo.** Elimina en cada línea la palabra que no se relaciona con las demás.

1. a. solomillo     b. almeja     c. gamba     d. trucha
2. a. aceite     b. ajo     c. cerveza     d. sal
3. a. judías     b. apio     c. zanahoria     d. cerveza
4. a. cuchillo     b. cuchara     c. tenedor     d. patata
5. a. plátano     b. manzana     c. melocotón     d. leche

**B. ¿Qué hay sobre la mesa?** Mira el dibujo y escribe todos los utensilios que ves.

1. _____     6. _____

2. _____     7. _____

3. _____     8. _____

4. _____     9. _____

5. _____     10. _____

**C. Llena el blanco.** Completa las oraciones con la forma apropiada de las siguientes palabras.

| vino | cuchara | helado | solomillo | cenar | taza |
|------|---------|--------|-----------|-------|------|
| tapa | sal | desayunarse | pollo | pan | cuchillo |

1. El _____ es un postre muy sabroso.
2. Siempre como _____ en el desayuno.
3. El _____ es un utensilio de mesa.
4. Muchos españoles beben _____ con la comida.
5. En mi casa nosotros _____ a las diez de la noche.
6. Comimos unas _____ antes de cenar.
7. Quiero mi _____ término medio.
8. Uso una _____ para tomar la sopa.
9. Voy a ponerle un poco de _____ al pollo.
10. Voy a beber una _____ de café.

**D. Un paso más.** Escribe una oración con cada una de las siguientes expresiones.

1. a eso de

   _____

2. costar un ojo de la cara

   _____

3. ponerse a dieta

   _____

4. estar de moda

   _____

5. dar un paseo

   _____

6. más de la cuenta

   _____

**E. Cuéntaselo a la clase.**

1. ¿Tomas un desayuno fuerte o ligero por la mañana? Explica.
2. ¿Pedirías tu comida a la carta o prefieres el menú del día? Explica.
3. ¿Te gustaría ser camarero en un restaurante? ¿Sí o no? ¿Por qué?
4. ¿Te has puesto a dieta alguna vez? ¿Cómo fue?
5. ¿Has tenido alguna mala experiencia en un restaurante? ¿Cuál?
6. ¿Cuál te gusta más, el horario que usan en España para la comida o el de los Estados Unidos?

**F. Descripción del dibujo.**

# La Gruta

## Entradas

PTAS.

| | |
|---|---|
| Ensalada de salmón y ventrisca de bonito | 2.300 |
| Marinado de virrey a la vinagreta de tomate | 1.600 |
| Anchoas de salazón con aguacate | 1.625 |
| Escabechado de codorniz al vinagre de sidra | 1.500 |
| Montados de bacalao con crujientes | 1.900 |
| Ensalada de fabas de La Granja con ventrisca de bonito | 1.600 |
| Jamón de Joselito (Ibérico) | 2.425 |
| Tabla de ibéricos | 2.175 |
| Tabla de quesos asturianos | 1.350 |
| Crema de nécoras | 800 |
| Sopa especial de marisco | 825 |
| Fabada asturiana | 1.550 |
| Fabes con almejas | 1.650 |
| Fabes de la "Confradía de la Buena Mesa de la Mar" | 1.700 |
| Menestra del tiempo | 1.300 |

| | |
|---|---|
| Arroz con verduras y almejas o con rabo de buey (mínimo 2 raciones, espera 25 minutos) | 3.920 |
| Paella especial "GRUTA" (mínimo 2 raciones, espera 25 minutos) | 4.330 |
| Tortilla especial "GRUTA" | 950 |
| Revuelto de setas de temporada con jamón de bellota | 2.075 |

## De la mar

| | |
|---|---|
| Bacalao "GRUTA" | 1.900 |
| Rodaballo al orujo de sidra | 3.900 |
| Lubina al horno con pil-pil de manzana | 3.100 |
| Mero del Cantábrico al horno con cocochas en su salsa | 3.100 |
| Cogote de merluza a nuestro modo | 3.000 |

| | |
|---|---|
| Lomos de merluza con almejas | 3.100 |
| Lomos de bonito con "pitu golfo" | 1,900 |
| Nuestro barco de mariscos | 7.500 |
| (langostinos, cigalas, nécoras, centollo, gambas, percebes y quisquillas) | |
| Bogovante con verdura (mínimo dos raciones) -Kg.- | 7.200 |

Mariscos del día de nuestra GRUTA, quedan sujetos al precio del mercado y peso.

## Carnes

| | |
|---|---|
| Medallón de rabo de toro en salsa de higos | 1.500 |
| Chuletinas de lechazo al ajillo | 2.500 |
| Entrecot de ternera a la asturiana | 2.285 |
| Carne roja de nuestra parrilla (Entrecot o chuletón) -Kg.- | 4.800 |
| Solomillo de cebón al foie-gras de pato | 2.575 |
| Lechazo al horno con ensalada | 2.275 |
| Pitu de aldea guisado | 2.075 |
| Mollejas de ternera a la diabla | 1.250 |

## A los postres

| | |
|---|---|
| Sorbete de limón | 550 |
| Mousse de chocolate | 625 |
| Macedonia de frutas naturales | 625 |
| Milhojas de dulce de manzana | 625 |
| Teclas rellenas de compota de pera y biscuit de turrón | 700 |
| Souffle Gruta (mínimo dos raciones) | 1.350 |
| Frixuelos rellenos de manzana | 625 |
| Biscuit de queso | 625 |
| Mantecado Peñasanta | 625 |
| El tocinillo de la casa | 575 |

I.V.A. 7% NO INCLUIDO

1. ¿Qué te gusta más, la carne o el pescado? Explica por qué.
2. ¿Cuál de estos platos te gustaría pedir? ¿Por qué?
3. ¿Cuáles de estos platos no has probado?
4. ¿Cuál es el plato más caro de este restaurante?
5. ¿Cuál es el más barato? Explica por qué.
6. ¿Cuál de estos platos sabes cocinar tú? Explícale a la clase cómo cocinarlo.

### G. Charlemos un poco.

1. **Motopizza.** Reúnete con un/a compañero/a y discutan el anuncio. Uno/a de ustedes será la persona que quiere pedir la pizza y el/la otro/a será el/la empleado/a de la pizzería. Inventen un diálogo basado en el anuncio.

| MENÚ | Precio Pequeña (1 persona) o 23 cm. | Precio Mediana (2-3 pers.) o 31 cm. | Precio Familiar (4-6 pers.) o 41 cm. |
|---|---|---|---|
| **MotoPizza, Base** (Tomate, orégano y mozzarella) | 685 | 965 | 1.530 |
| **Ingrediente Adicional:** | 95 | 150 | 200 |
| MotoPizza, Base + 1 Ingrediente | 780 | 1.115 | 1.730 |
| MotoPizza, Base + 2 Ingredientes | 875 | 1.265 | 1.930 |
| MotoPizza, Base + 3 Ingredientes | 970 | 1.415 | 2.130 |
| MotoPizza, Base + 4 Ingredientes | 1.065 | 1.565 | 2.330 |
| MotoPizza, Base + 5 Ingredientes | 1.160 | 1.715 | 2.530 |
| Porción en local          230 | | | |
| **SUGERENCIAS** | **Precio Pequeña** | **Precio Mediana** | **Precio Familiar** |
| **MotoPizza, EL ESPECIAL DE LA CASA** (Tomate, orégano, mozzarella, bacón, pimiento morrón, pimiento verde, jamón, y champiñón o cebolla) | 1.160 | 1.715 | 2.530 |
| **MotoPizza, HAWAIANA** (Tomate, orégano, mozzarella, jamón, piña y extra de queso) | 970 | 1.415 | 2.130 |
| **MotoPizza, SUPERIOR** (Tomate, orégano, mozzarella, jamón, atún, pimiento verde, pimiento morrón y cebolla) | 1.160 | 1.715 | 2.530 |
| **MotoPizza, MEXICANA** (Mozzarella, ternera, cebolla, pimiento morrón, aceitunas y jalapeños y extra de queso) | 1.160 | 1.715 | 2.530 |
| **HELADOS** | VASO 100 ml. | VASO 500 ml. | |
| Fresa, Vainilla, y Chocolate | 275 | 725 | |
| **NOVEDAD** | **PRECIO** | **BEBIDAS** | **PRECIO** |
| Ensaladas frescas: Lechuga, tomate, zanahoria, cebolla y aceitunas negras | 295 | COCA COLA   FANTA | 145 |
| Salsa: Aceite y vinagre / roquefort / rosa | | Cerveza      Mahou | 145 |
| | | Agua mineral de Mondariz | 90 |

**INGREDIENTES:** Extra mozarella, Pimiento morrón, Pimiento verde, Jamón, Bacón, Ternera, Cebolla, Champiñón, Anchoa, Atún, Piña, Pepperoni, Aceitunas verdes, Aceitunas negras, Alcaparras, Jalapeños.

MotoPizza, A SU GUSTO: Si lo desea, podemos hacer su pizza con una mitad de un gusto y la otra mitad de otro.

PEDIDO MÍNIMO 1 DE PIZZA COMPLETA.

VÁLIDO HASTA EL 28/02/97

*Los repartidores sólo llevan cambio de 1.000 ptas. Identifique su oferta al solicitar su pedido. (IVA incluído)*

2. **¡Anuncia tu restaurante!** Lee los anuncios y prepara una promoción para tu restaurante. Luego lee la lista de palabras que aparece en el **Vocabulario práctico** y prepara un menú para decírselo a la clase.

3. **El turista y el camarero.** Reúnete con un/a compañero/a y lean juntos el menú de la página 48. Luego preparen una conversación entre un/a turista y un/a camarero/a.

4. **Mi plato favorito.** Explícale en detalle a la clase cuál es tu plato favorito y por qué.

# Repasito

## *Hacer* en expresiones de tiempo transcurrido

- **Hace** se usa en oraciones que emplean el presente del indicativo para expresar lo que ha venido ocurriendo y aún continúa.

  EJEMPLOS: **Hace** ocho años que **trabajo** en la universidad.
  **Hace** mucho tiempo que no **veo** a mis hijas.

- **Hacía** se usa en oraciones que emplean el imperfecto del indicativo para expresar lo que había venido ocurriendo.

  EJEMPLOS: **Hacía** mucho tiempo que no **veía** al profesor.
  **Hacía** veinte años que no **volvía** a mi país.

## *Hacer* en expresiones de tiempo meteorológicas

**Hacer** se usa con un sustantivo al hablar del tiempo meteorológico.

| | |
|---|---|
| hacer calor | *to be warm* |
| hacer frío | *to be cold* |
| hacer buen tiempo | *to be nice weather* |
| hacer mal tiempo | *to be bad weather* |
| hacer viento | *to be windy* |
| hacer fresco | *to be cool* |
| hacer sol | *to be sunny* |

EJEMPLOS: **¿Qué tiempo hace en Madrid durante el verano?**
*How's the weather in Madrid during the summer?*

**Hace calor en julio y agosto.**
*It's hot in July and August.*

**A. Un paso más.** Escribe cinco oraciones en inglés usando la expresión equivalente a **hacer** tanto en expresiones de tiempo como climáticas; tradúcelas al español y luego, léeselas a tus compañeros de clase.

1. _____

2. _____

3. _____

4. _____

5. _____

**B. Preguntas.** Contesta oralmente cada una de las siguientes preguntas.

1. ¿Cuánto tiempo hacía que Joe esperaba en el restaurante?
2. ¿En qué estación hace buen tiempo en tu ciudad?
3. ¿Hace mucho tiempo que da palmadas Raquel?
4. ¿Es verdad que en Madrid hace mucho calor en julio?
5. ¿Hacía cuántos minutos que esperabas una mesa?

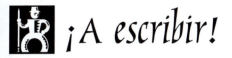 ¡A escribir!

**Mi restaurante favorito es....** Prepara una composición sobre el siguiente tema. Los pasos te ayudarán en la tarea.

TEMA: Mi restaurante favorito es…

▶ **Paso 1. Introducción.** Contesta las preguntas.

    1. ¿Cómo se llama el restaurante?
    2. ¿Cómo es?
    3. ¿Dónde está?
    4. ¿Cómo es el ambiente?

▶ **Paso 2. Desarrollo.** Contesta las preguntas.

    1. ¿Cómo es la comida?
    2. ¿Cuáles son las especialidades de la casa?
    3. ¿Cómo son los precios?
    4. ¿Cómo es el servicio?
    5. ¿Son atentos los camareros?
    6. ¿Es amable el gerente?
    7. ¿Cómo es el ambiente?

▶ **Paso 3. Conclusión.** Escribe por lo menos tres razones por las que recomiendas ese restaurante.

    Es mi restaurante favorito porque…

# ¿Cómo llegamos al banco?

| | |
|---|---|
| **¡La vida es así!** | Gisela y Guillermo van al banco para cambiar dólares por **pesetas**. |
| **Vocabulario práctico** | Palabras y expresiones que tienen que ver con el dinero y las operaciones del banco formarán parte de tu vocabulario activo. También aprenderás a pedir direcciones para ir de un sitio a otro. |
| **¡No me digas!** | Estudiarás las diferencias en ciertos procedimientos de las operaciones bancarias entre los Estados Unidos y España, además de familiarizarte con **la peseta** y sus denominaciones. |
| **¡A practicar!** | Los ejercicios y actividades en esta lección te prepararán para que puedas hacer varias **negociaciones** (*transactions*) en un país hispanohablante; incluso, serás capaz de preparar un **presupuesto** (*budget*). También sabrás cómo pedir y a la vez dar direcciones en español. |
| **Repasito** | La formación y el uso de los mandatos formales **Ud./Uds.**, tanto negativos como afirmativos. |
| **¡A escribir!** | ¿Cómo me sentiría si me ganara la lotería…? |

# ¡La vida es así!

## Los Llorente van al banco

Los Llorente necesitan cambiar dinero y tienen que ir al banco.

GISELA: Oye, Roberto, nos estamos quedando sin plata y hay que ir al banco a cambiar dinero. ¡Qué pronto se gasta el dinero!

ROBERTO: Mira, ve tú. Acuérdate que no soy amigo de los números y tú eres la que siempre llevas el presupuesto, la cuenta corriente, y la cuenta de ahorros.

GISELA: Tienes razón. Cada vez que te doy el talonario la cosa se pone fea y tenemos un sobregiro. Guille, ¿me acompañas?

GUILLERMO: Sí mamá. Voy al tiro.

*(Antes de ir al banco, Gisela y Guillermo le piden direcciones al señor Diéguez, el conserje del hotel.)*

SR. DIÉGUEZ: Sí, no está lejos. Miren, al salir por la puerta del hotel, doblen a la izquierda y sigan derecho hasta la próxima esquina. En el semáforo, crucen la calle, caminen unos cien metros, y en la esquina doblen a la derecha y enfrente de un edificio blanco hay una sucursal.

GISELA: Y el correo, ¿está cerca de aquí?

SR. DIÉGUEZ: No, para ir al correo lo mejor es tomar el metro. Tomen la línea cinco en la estación "Callao." Luego tomen la tres y bájense en la estación "Sol." A la salida de la estación, a la derecha y al lado de un edificio gris, está el correo. Ahora bien, si solamente quieren comprar tarjetas postales, sobres y sellos, a sólo dos manzanas de aquí, detrás de la iglesia hay un estanco y muy cerca hay un buzón.

GUILLERMO: Gracias, muy amable.

*(Gisela y Guillermo llegan a la sucursal. Al entrar ven una ventanilla con el letrero de Cambio de Moneda. Allí los atiende un cajero.)*

GISELA: *(Sacando el talonario de cheques de viajeros.)* Buenos días. Necesitamos cambiar dinero. ¿A cómo está el dólar hoy?

CAJERO: ¿No se fijaron en el tablero? Allí están las cotizaciones de la moneda extranjera y de la bolsa de valores. Hoy está a ciento veinte y cinco pesetas al dólar.

GUILLERMO: Queremos cambiar setecientos dólares. ¿Qué debemos hacer?

CAJERO: Endosen los cheques, entréguenme sus pasaportes y presenten este resguardo en la Ventanilla de Pagos al tocarles su turno. Allí recibirán el dinero en efectivo, pero les advierto que siempre se les cobra una pequeña comisión por el canje.

GISELA: ¿Hay que esperar mucho?

CAJERO: Hoy quizás un poco más de la cuenta porque es día de pago y muchos vienen a cobrar o a ingresar dinero.

GISELA: Gracias por su atención.

CAJERO: A la orden.

## ¿Recuerdas…?

1. ¿Por qué no va Roberto al banco?
2. ¿Quién va a acompañar a Gisela?
3. ¿A quién le piden direcciones?
4. ¿Qué tienen que hacer ellos para ir al correo?
5. ¿Para qué sirve el tablero que está en el banco?
6. ¿A cómo estaba el dólar ese día?
7. ¿Qué tuvieron que hacer Gisela y Guillermo para cambiar dinero?
8. ¿Qué les entregó a ellos el cajero en el banco?
9. ¿Qué les advirtió el cajero a los dos?
10. ¿Cuántas pesetas recibieron ellos antes de la comisión?

# Vocabulario práctico

## Nombres

| | |
|---|---|
| la bolsa de valores | stock exchange |
| el buzón | mailbox |
| el/la cajero/a | teller, cashier |
| el cambio | exchange (dollars for pesetas) |
| el canje | exchange (transaction) |
| el correo | post office |
| la cotización | rate of exchange |
| la cuenta corriente | checking account |
| la cuenta de ahorros | savings account |
| la cuenta de banco | bank account |
| el día de pago | pay day |
| la esquina | corner |
| el estanco | tobacco store |
| el interés | interest rate |
| el letrero | sign |
| la moneda extranjera | foreign currency |
| el préstamo | loan |
| el presupuesto | budget |
| el resguardo | receipt |
| el saldo | balance |
| el sello | postage stamp |
| el sobre | envelope |
| el sobregiro | overdraft |
| la sucursal | branch office |
| el tablero | board |
| el talonario | check book, stub book |
| la tarjeta postal | postcard |

## Verbos

| | |
|---|---|
| atender | to wait on (customer) |
| bajarse | to get down, off (subway) |
| cambiar | to exchange |
| cobrar | to charge; to cash |
| cruzar | to cross (street) |
| doblar | to turn |
| egresar | to withdraw |
| endosar | to endorse (a check) |
| gastar | to spend (money) |
| ingresar | to desposit |

## Adjetivos

| | |
|---|---|
| corriente | current |
| extranjero/a | foreign |
| mensual | monthly |
| próximo/a | next (in sequence) |

## Modismos y expresiones útiles

| | |
|---|---|
| ¿A cómo está? | What's the rate? |
| ahora bien | now |
| a la orden | at your service |
| caminen unos… | walk some… |
| crucen la calle | cross the street |
| doblen a la derecha | turn right |
| doblen a la izquierda | turn left |
| estar a la derecha | to be on the right |
| estar a la izquierda | to be on the left |
| estar al lado de | to be next to |
| estar detrás de | to be behind |
| estar enfrente de | to be in front of |
| ir al tiro | to go right away |
| llevar el presupuesto | to take care of the budget |
| no ser amigo de… | not to be crazy about… |
| ponerse fea la cosa | for things to get worse |
| quedarse sin plata | to run out of money |
| sigan derecho | continue straight |
| tener razón | to be right |
| tocarle el turno | to be one's turn |
| un poco más de la cuenta | a bit more; a little longer |

# ¡No me digas!

Las **negociaciones** (*transactions*) en un banco en España son muy parecidas a las de los Estados Unidos. Ahora bien, en los bancos españoles cada ventanilla tiene una tramitación específica. Así que si uno desea cambiar dinero o cobrar un cheque, el cajero en la ventanilla a donde va uno primeramente, no le da el dinero en efectivo sino un **resguardo** (*receipt*) antes de presentarse en la **Ventanilla de Pagos** (*Cashier's Window*) para recibir su dinero.

La moneda que se usa en España es la **peseta**. Durante los últimos años el valor de la peseta con respecto al dólar ha variado bastante; a veces ha subido hasta 150 pesetas por cada dólar. Los billetes de la peseta vienen en denominaciones de cien, quinientas, mil y cinco mil pesetas. Las **monedas** (*coins*) vienen en denominaciones de una, cinco, veinticinco, cincuenta, doscientas, cien y quinientas pesetas. A una moneda de cinco pesetas se le solía llaman un **duro**.

En España también se pueden comprar sellos en un **estanco** (*tobacco store*), al cual también se le llama **expendeduría de tabacos**. Los estancos son pequeñas tiendas que se distinguen por su contraseña de rayas de color rojo y amarillo, los colores de la bandera nacional. Estos estancos se encuentran por todas partes.

Por lo general, el Correo Español ofrece los mismos servicios que se ofrecen en los Estados Unidos por el U.S. Postal Service. Un servicio único que tiene el Correo Español es la **caja postal de ahorros** (*postal bank*), que actúa como un banco de ahorros y de préstamos.

Los sellos españoles a menudo son imprimidos en una serie que lleva por nombre, **serie conmemorativa**; ésta contiene retratos de los reyes actuales. Subscribiéndose al Servicio Filatélico, el cliente puede recibir con regularidad nuevas publicaciones con información filatélica que puede servirle en su colección.

# ¡A practicar!

**A. Llena el blanco.** Completa las oraciones con la forma apropiada de las siguientes palabras.

| | | | |
|---|---|---|---|
| ingresar | cajero | egresar | presupuesto |
| cobrar | cotización | tablero | resguardo |
| estanco | esquina | talonario | endosar |

1. El _____ indica el cambio de la moneda extranjera.

2. Por favor, _____ ustedes el cheque antes de cambiarlo.

3. Compramos los sellos en el _____.

4. ¿Dónde está el _____ de cheques de viajeros?

5. El banco está en la _____.

6. Yo _____ dinero en mi cuenta de ahorros ayer por la tarde.

7. ¿Dónde están las _____ de la bolsa de valores?

8. El _____ me atendió en el banco.

9. El banco _____ una comisión de veinte dólares.

10. El señor me dio un _____ para entregarlo en la Ventanilla de Pagos.

**B. Un paso más.** Escribe una oración con cada una de las siguientes palabras.

1. la bolsa de valores

   _____

2. el presupuesto

   _____

3. la cuenta corriente

   _____

4. el tablero

   _____

5. la sucursal

   _____

6. el talonario

   _____

**C. Antónimos.** Empareja cada palabra con su antónimo.

1. ___ a la derecha
2. ___ enfrente de
3. ___ cerca de
4. ___ ingresar
5. ___ ahorrar

    a. egresar
    b. lejos de
    c. a la izquierda
    d. gastar
    e. detrás de

**D. Las becas del banco.** Lee la información y contesta las siguientes preguntas.

## 600
### BECAS PARA HACER UN CURSO DE INGLÉS

Estos cursos de inglés de 3 meses de duración, de 3 a 5 horas semanales, se impartirán por profesores nativos en grupos reducidos en el British Council/Instituto Británico. Donde no exista centro del British Council/Instituto Británico, los cursos se realizarán en otros centros de reconocido prestigio.

## 100
### BECAS PARA REALIZAR PRÁCTICAS DE TRABAJO EN EL EXTRANJERO

Estas prácticas se realizarán en oficinas de La Banca de: Estados Unidos, Japón, Gran Bretaña, Portugal, Italia, Bélgica, Alemania y Francia. Mediante sorteo saldrán 300 candidatos. Estos deberán pasar un examen de idioma que se les comunicará personalmente. Las plazas disponibles se adjudicarán entre los 100 mejores exámenes.
Se harán varios grupos según los idiomas requeridos, sorteando los aspirantes en tantos grupos como idiomas dominen.

**Cuenta Ahorro**

## 300
### BECAS PARA HACER UN CURSO DE INFORMÁTICA

Estos cursos de Informática organizados por Multisense (Agente Oficial IBM) son de 65 horas, y comprenden las siguientes materias:
• Introducción a la informática
• Lotus 1,2,3 • MS-DOS • D-BASE IV
o si lo prefieres, estos cursos monográficos avanzados:
Los cursos de inglés e informática tendrán lugar en:
Madrid, Barcelona, Bilbao, Valencia, Zaragoza, Sevilla, Oviedo, Santander, Valladolid, Salamanca, Granada, Santiago de Compostela, San Sebastián, Málaga, La Coruña y Vigo.

|  | Duración | Estudios Universitarios | Fecha sorteo |
|---|---|---|---|
| CURSO DE INGLÉS | 3 meses enero, febrero, y marzo | NO | 2.° Quin. Noviem. |
| CURSO DE INGLÉS | 3 meses abril, mayo, y junio | NO | 2.° Quin. febrero |
| CURSO DE INFORMÁTICA | 65 horas Sept. y Oct. | NO | 1.° Quin. Sept. |

## 300
### BECAS DE VERANO

Para optar a estas becas será necesario, además:

• Ser estudiante universitario
• Enviar el cupón adjunto debidamente cumplimentado junto con las calificaciones del curso 90/91 antes del 31 de marzo.

1. ¿Cómo se llama el programa del banco?
2. ¿Qué ofrece el programa? ¿Para quién?
3. ¿Quiénes tienen acceso a la beca?
4. ¿Cuál es el saldo mínimo mensual que hay que tener?
5. ¿Cuántas becas va a dar el banco? ¿Cuánto pagan?
6. ¿Cómo son las becas para hacer un curso de inglés?
7. ¿Qué tienen que hacer los candidatos para realizar prácticas de trabajo en el extranjero?
8. ¿Cuántas becas hay para hacer un curso de informática?

**E. En el banco.** Llena la planilla que aparece en vasco y español y explícale a la clase la información.

---

Posta-txartel hau bete eta entrega ezazu gure edozein bulegotan, edo bestela bidal iezaguzu, posta bidez zigilurik gabe.

Entregue esta tarjeta postal, debidamente cumplimentada, en cualquiera de nuestras oficinas; o envíenosla por correo sin necesidad de sello.

☒ BAI, bidal iezadazue dohainik eta niretzat konpromisurik gabe, banco la banca Txartelari buruzko informazio gehiago.

☒ SI, deseo que me envíen gratuitamente y sin compromiso por mi parte, más información sobre la Tarjeta banco la banca.

Eskatu dizuedan informazioa bidali:
☐ Euskaraz ☐ Gazteleraz

Envíenme la información solicitada en:
☐ Euskera ☐ Castellano

Izen-deiturak
Nombre y Apellidos

Helbidea        Herria   P.K.
Domicilio       Localidad      C.P.

Tfnoa.          Zure ohizko sukurtsalaren kalea
Tfno.           Calle de la sucursal en la que opera habitualmente

Data/Fecha _____     Sinadura/Firma

**La banca** gipuzkoa donostia kutxa caja gipuzkoa san sebastián

Bulegoentzako oharra: arren, bidali kupoi hau banco la banca-ra, Marketingo Alorra.
Nota para las oficinas: rogamos nos envíen este cupón a banco la banca, Area de Marketing.

---

**F. Cuéntaselo a la clase.**

1. ¿Crees que es buena idea tener una cuenta de ahorros? Explica.
2. ¿Cuáles son las ventajas y desventajas de pedir un préstamo?
3. ¿Eres tú amigo de los números? Di por qué sí o no.
4. ¿Hay algo que puedas hacer al tiro tú? Explica por qué.
5. ¿Te gusta pedir direcciones cuando andas perdido/a? Explica.
6. ¿Qué haces cuando tienes un sobregiro en tu cuenta corriente?
7. ¿Qué haces cuando te estás quedando sin plata?
8. ¿Quién lleva el presupuesto en tu casa? ¿Por qué?
9. ¿En alguna ocasión te has perdido?
10. ¿Te gustaría ser cajero/a en un banco? ¿Explica?

1. ¿Cuántos clientes ves? Descríbelos en detalle.
2. ¿A cómo está el dólar según el tablero?
3. ¿Qué le muestra el señor a la cajera en la Ventanilla de Pagos? Explica.
4. ¿Cuántas personas hay en cola?
5. ¿Cuáles son las horas de oficina según el letrero?
6. ¿Qué le da la cajera al joven con la mochila?

 **H. Charlemos un poco.**

1. **En la banca.** Preparen un diálogo entre el/la cliente y el/la cajero/a usando la información que aparece en el texto.

| La banca | | | Resguardo de Ingreso |
|---|---|---|---|

**Oficina** _____  **Nº de Cuenta** _____

**Titular de la Cuenta**

**Relación de Cheques y Documentos**

| Nº Del Cheque o Del Documento | Nº de la Cuenta | Entidad y Agencia | Importe-Pesetas |
|---|---|---|---|
| | | | |
| | | | |
| | | | |
| | | | |
| | | | |
| | | | |
| | | | |
| | | | |

|  | Total Cheques y Documentos | |
|---|---|---|
|  | Ingreso en Efectivo | |

Firma del Titular

Espacio Reservado para el Sello Mecánico

2. **¿Cómo llego a...?** Fíjate bien en el mapa de España e imagínate que eres un madrileño que se encuentra con unos turistas. Ellos andan en coche y desean salir del centro de Madrid para visitar ciudades como Ávila, El Escorial y Segovia. Tratarán de pedirte información sobre cómo llegar a esas ciudades y la distancia (en kilómetros) en coche. Tú tratarás de ayudarles.

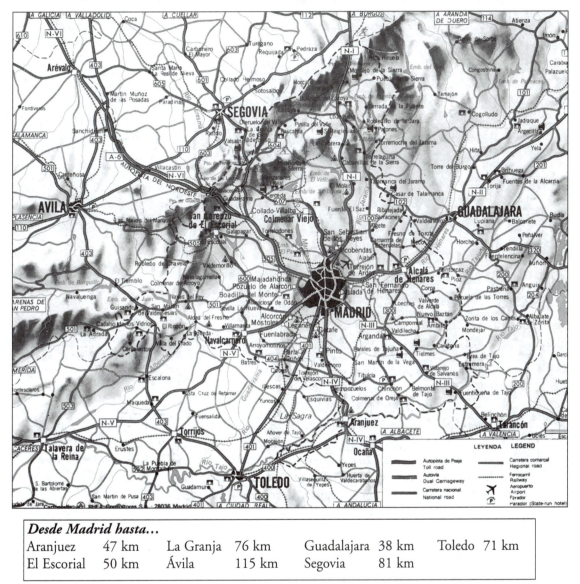

| *Desde Madrid hasta...* | | | | | | | |
|---|---|---|---|---|---|---|---|
| Aranjuez | 47 km | La Granja | 76 km | Guadalajara | 38 km | Toledo | 71 km |
| El Escorial | 50 km | Ávila | 115 km | Segovia | 81 km | | |

3. **Las instrucciones del conserje.** Lee el diálogo al comienzo de la lección y prepara un mapa describiéndole a la clase cómo Guillermo y su mamá llegaron al banco.

4. **Cómo llegar a mi casa.** Descríbele a la clase cómo llegar de la universidad a tu casa.

# Repasito

## Mandatos formales: afirmativos y negativos*

- Los mandatos formales (Imperativo) para **usted/ustedes** se forman cambiando la terminación del infinitivo a la vocal opuesta. Es decir, **-ar** → **e**; **-er**, **-ir** → **a**, lo mismo que el presente del subjuntivo, como veremos más adelante.

| MANDATOS AFIRMATIVOS Y NEGATIVOS | | | |
|---|---|---|---|
| | SINGULAR | PLURAL | |
| habl-ar | (No) hable usted | (No) hablen ustedes | *(Don't) Speak!* |
| com-er | (No) coma usted | (No) coman ustedes | *(Don't) Eat!* |
| viv-ir | (No) viva usted | (No) vivan ustedes | *(Don't) Live!* |

- Nótese la colocación de los pronombres como objetos del mandato en situaciones afirmativas y negativas.

    EJEMPLOS:　　**Tráigame** el libro (a mí).
    **Tráigamelo.**
    No **me lo traiga.**

    **Paguen** ustedes la cuenta.
    **Páguenla.**
    No **la paguen.**

Con la excepción de algunos mandatos formales irregulares (**de, den/esté, estén/vaya, vayan/sepa, sepan/sea, sean,** etc.), todo mandato irregular se forma a base de la conjugación de la primera persona del presente del indicativo. Por ejemplo, **yo tengo, tenga, tengan, yo puedo, pueda, puedan,** etc. Hay algunos verbos como **buscar, almorzar, llegar,** entre otros, que requieren ciertos cambios ortográficos (**busque, busquen/llegue, lleguen/almuerce, almuercen**).

*Los mandatos (**tú** y **vosotros**) se estudiarán en la lección 7.

**A. Ejercicios breves.** Escribe las formas afirmativas de los mandatos formales (**Ud./Uds.**) para cada uno de los siguientes verbos.

|  | Ud. | Uds. |
|---|---|---|
| egresar | _____ | _____ |
| correr | _____ | _____ |
| escribir | _____ | _____ |
| pensar | _____ | _____ |
| tener | _____ | _____ |
| cruzar | _____ | _____ |
| estar | _____ | _____ |
| saber | _____ | _____ |
| dar | _____ | _____ |
| levantarse | _____ | _____ |
| comerse | _____ | _____ |
| dormirse | _____ | _____ |

**B. Un paso más.** Convierte los siguientes mandatos afirmativos (con y sin pronombres) a la forma negativa.

1. Cámbiele el cheque a ella. _____

2. Cámbielo. _____

3. Cámbieselo. _____

4. Gástense todo el dinero. _____

5. Gástenlo. _____

6. Gástenselo. _____

 **¡A escribir!**

**¿Cómo me sentiría si me ganara la lotería...?** Prepara una composición sobre cómo te sentirías si te ganaras la lotería. Los pasos te ayudarán en la tarea.

**TEMA:** Cómo me sentiría si me ganara la lotería...

▶ **Paso 1. Introducción.** Contesta la pregunta.

¿Cómo cambiaría tu vida?

▶ **Paso 2. Desarrollo.** Contesta las preguntas.

1. ¿Pondrías el dinero en el banco?
2. ¿Invertirías el dinero en la bolsa de valores?
3. ¿Gastarías el dinero inmediatamente?
4. ¿Comprarías un coche caro? ¿Una casa grande?
5. ¿Lo compartirías con tus familiares y amigos?

▶ **Paso 3. Conclusión.** Termina la frase.

(No) es importante tener dinero porque...

# De paseo por Madrid

| | |
|---|---|
| **¡La vida es así!** | La familia Llorente visita varios lugares de interés en Madrid; también escribe tarjetas postales a sus familiares y amigos. |
| **Vocabulario práctico** | Aprenderás vocabulario y expresiones útiles acerca del teatro, museos y parques; estudiarás también expresiones que se usan comúnmente para invitaciones de fiestas y otras funciones parecidas. |
| **¡No me digas!** | Una narrativa breve sobre la zarzuela y cómo se usan las direcciones de domicilio en español, se incluye en esta lección. |
| **¡A practicar!** | Al concluir esta lección podrás describir lo que es visitar diferentes lugares de interés en una ciudad como Madrid o, tal vez, hasta la tuya misma. |
| **Repasito** | La conjugación y usos del pretérito y del imperfecto del indicativo. |
| **¡A escribir!** | Mi estadía en… |

# ¡La vida es así!

## De paseo por Madrid

Durante su estadía en Madrid, los Llorente visitan varios lugares y les escriben tarjetas postales a sus familiares y amigos.

---

LA PLAZA MAYOR

Querida amiga:

¿Cómo estás? La estoy pasando de lo lindo en Madrid. Anoche Guille y yo fuimos a una discoteca. Conocí a Sebastián, un madrileño que era todo una monada. Él era alto y moreno y tenía los ojos verdes. ¡Y cómo bailaba! Aquí me quedo para siempre.

Muchos cariños,
Tere

Srta. Shannon Moore
1669 Fern Ave.
Miami, FL 33598

CARTAS DE ORO, S. A.

---

MADRID - MUSEO DEL PRADO

Queridos amigos:

Les envío esta postal desde Madrid. Hemos recorrido toda la ciudad y hemos visitado lugares interesantísimos. Me encantó el Museo del Prado. Había más de 6.000 cuadros. Me encantaron los cuadros de los grandes maestros españoles como Velázquez, Goya, y Picasso. Por la noche fuimos a una zarzuela que estuvo estupenda.

Cariños a todos,
Gisela

María Elena Ramírez
Avenida Fernández Juncos #47
San Juan, Puerto Rico 00928

PRINTED IN SPAIN/IMPRESO EN ESPAÑA

---

Mi vida,

Madrid es muy bonito, pero te
extraño mucho. Mi cielo, no puedo
vivir sin ti. El jueves fui a ver una
corrida de toros, la plaza de toros
era muy grande y había mucha
gente. Me gustó mucho la corrida
y los toreros eran tan valientes,
como yo. ¡Ja, ja, ja, ja! Saludos a
mi amigo Carlos y cuídame mucho
a mi perro "Clipper."

Un beso,

Guille

Srta. Julia Jorge
2400 Atlantic Circle
Boca Ratón, FL 33428
EE. UU.

---

**PLAZA DE ESPAÑA**

Estimada jefa:

Saludos desde Madrid. Pienso que
a usted le gustaría visitar esta
ciudad porque está llena de arte y
cultura. Tiene fuentes preciosas
como La Cibeles y parques
maravillosos como El Retiro.
Anoche fuimos a ver La muralla,
una obra del dramaturgo Calvo
Sotelo que estaba magnífica.

   Un cordial saludo,

      Roberto

Sra. Diana Vélez de Guevara
Besler Corporation
7077 Lido Drive
Fort Lauderdale, FL   33301
EE. UU.

## ¿Recuerdas…?

1. ¿Quién es Shannon Moore y dónde vive ella?
2. ¿A dónde fueron Guille y Tere por la noche?
3. ¿A quién conoció Tere y por qué dijo que era una monada?
4. ¿Qué es el Prado? ¿Por qué es importante?
5. ¿Qué vio Gisela en El Prado? Explica.
6. ¿Quién crees que es Julia Jorge? Explica.
7. ¿Qué fue a ver Guille? ¿Le gustó? ¿Por qué?
8. ¿Quién es Diana Vélez de Guevara? Explica.
9. ¿Por qué dice Roberto que a Diana le gustaría visitar Madrid?
10. ¿Qué vieron Roberto y Gisela anoche en Madrid? Explica.

# Vocabulario práctico

## Nombres

| | |
|---|---|
| el actor | actor |
| la actriz | actress |
| el argumento | plot |
| el baile | dance |
| el bailarín/la bailarina | dancer |
| la butaca | seat |
| la cartelera | entertainment section |
| la entrada | admission |
| la exposición de pintura | painting exhibit |
| la fuente | fountain |
| el maestro | master |
| la obra de teatro | play |
| el/la pintor/a | painter |
| la pintura | painting |
| la plaza de toros | bullring |
| el reparto | cast |
| el/la torero/a | bullfighter |
| el salón | exhibition hall |

## Verbos

| | |
|---|---|
| abuchear | to boo |
| ovacionar | to applaud |

## Adjetivos

| | |
|---|---|
| deprimente | depressing |
| divertido/a | amusing |
| emocionante | exciting |
| estupendo/a | great; wonderful |
| impresionante | impressive |
| meloso/a | syrupy |
| moreno/a | dark-complexioned |

## Modismos y expresiones útiles

| | |
|---|---|
| cuídame mucho a | take good care of |
| hacer el papel | to play the role |
| No puedo vivir sin ti. | I can't live without you. |
| quedarse para siempre | to stay forever |
| ser toda una monada | to be so cute |
| ¡y cómo bailaba! | And could s/he dance! |

## Extendiendo una invitación

| | |
|---|---|
| ¿Qué te parece si…? | How would you like to…? |
| ¿Quieres ir a…? | Do you want to go to…? |
| ¿Querrías ir…? | Would you like to go…? |
| Te convido a… | How about going to…? |
| Te invito a… | I invite you to… |
| ¿Tiene ganas de ir a…? | Do you feel like going to…? |

## Aceptando una invitación

| | |
|---|---|
| Me encantaría. | I would love to. |
| Sí, claro. | Yes, of course. |
| Sí, ¡cómo no! | Of course! |
| Sí, por supuesto. | Yes, of course. |

## Rechazando una invitación

| | |
|---|---|
| Gracias, pero no puedo. | Thanks, but I can't. |
| Lo siento, no puedo. | Sorry, I can't. |
| No tengo ganas, otro día. | I don't feel like it today. |

## Frases cariñosas

| | |
|---|---|
| cariño | darling |
| mi cielo | honey |
| mi querer | my love |
| mi vida | my love |

# ¡No me digas!

Para dar la dirección de domicilio a alguien en español, primeramente se da el nombre de la calle; luego hay que dar el número de la casa. Por ejemplo, Dindurra n° 20-1° B.

Asesoría Dindurra

Laboral, Fiscal y Contable

C/ Dindurra, n° 20 - 1° B
33202 Gijón, Principado de Asturias
Telef. - Fax: (98) 537 12 72

El gran dramaturgo del Siglo de Oro, Calderón de la Barca (1600-1681), creó la **zarzuela** en 1648. Dicha obra es un tipo de comedia musical u ópera bufa en la que se combinan diálogo hablado, canto y baile. Su nombre viene del **Palacio de la Zarzuela**, al norte de Madrid, que originalmente fue un **pabellón de caza** (*a hunting or a shooting lodge*). Felipe IV en el siglo XVII mandó añadir jardines, fuentes y un teatro. Es aquí donde el rey escuchaba y se divertía con pequeñas piezas teatrales de un acto o de dos con música y canciones.

Durante el siglo XVIII, Ramón de la Cruz (1731-1794), inventor del **sainete** (obra de un acto de costumbres populares), escribió zarzuelas de tipo popular. La zarzuela empezó a desarrollarse con más fuerza e interés en el siglo XIX. Hoy en día el público español, especialmente en Madrid, **acude** (*visits*) al teatro para escuchar su zarzuela favorita. Una de las zarzuelas más populares es *La verbena de la Paloma* (1893), sobre las costumbres madrileñas.

Hoy en día el **Palacio de la Zarzuela** es donde viven el rey Juan Carlos de Borbón y la reina Sofía, no en el **Palacio Real**. Ellos usan el **Palacio Real** solamente para ceremonias oficiales.

# ¡A practicar!

**A. Llena el blanco.** Completa las oraciones con la forma apropiada de las siguientes palabras.

| | | | | |
|---|---|---|---|---|
| maravilloso | abuchear | ovacionar | monumento | reparto |
| butaca | meloso | divertido | argumento | fuente |
| pintor | entrada | actriz | obra | cartelera |

1. El público _____ al bailarín porque bailó muy bien anoche.

2. Picasso y Velázquez son dos grandes _____.

3. Me senté en una _____ cuando fui a ver la obra.

4. La obra estaba muy _____. Me gustó mucho.

5. Jodi Foster es una gran _____ del cine.

6. En Madrid hay muchas _____ por todas partes.

7. Me gustaron los actores, pero no el _____.

8. Las _____ costaron mil pesetas.

9. El actor es parte del _____.

10. El nombre de la _____

    estaba en la _____.

**B. En el teatro.** Mira el anuncio y contesta las siguientes preguntas.

1. ¿Cómo se llama la obra?
2. ¿Dónde es la obra?
3. ¿Dónde está el teatro?
4. ¿Cómo se llama el autor?
5. ¿Quién hace el papel de Cecilia?
6. ¿Quién es el director? Explica.
7. ¿En qué días es válido el descuento?
8. ¿Cúal es el nombre del teatro?

### Cinema Real

PZA. ISABEL II, 9 - TEL.: 679 68 53
**DIRECCIÓN MANUEL TEJADA**

¡EL TEATRO MAS CONFORTABLE!
**LA MURALLA**
de Joaquín Calvo Sotelo

Reparto:
(Por orden de intervención)

| | |
|---|---|
| ALEJANDRO | |
| ROMUALDO | TEÓFILO CALLE |
| JAVIER | JOSÉ CELA |
| JORGE | FRANCISCO PIQUER |
| AMALIA | JAVIER ESCRIVÁ |
| CECILIA | ENCARNA GÓMEZ |
| MATILDE | AMPARO SOTO |
| ANGEL | CARMEN ROSSI |
| | JOSÉ MARIA ESCUER |

| descuento | vale | descuento |
|---|---|---|
| **50%** | por una butaca más gastos | **50%** |

valedero para todos los días de la semana

## C. Cuéntaselo a la clase.

1. ¿Crees que Guille es un chico meloso? Da tus razones.
2. Para ti, ¿quién es todo una monada y por qué?
3. ¿Qué te gustaría ver más, una obra teatral, una zarzuela, o una corrida de toros? Explica por qué.
4. ¿Crees que los jóvenes en los Estados Unidos tienen interés en las artes o no? Explica tus razones.
5. ¿Piensas que la corrida de toros es un espectáculo cruel? Cita tus razones.
6. ¿Quiénes son tu actor y tu actriz favoritos? Explica por qué.

## D. Descripción del dibujo.

Fíjate bien en la siguiente fotografía y descríbesela a la clase.

## E. Charlemos un poco.

1. **Una invitación.** Hay una obra de teatro en tu universidad y quieres invitar a uno/a de tus compañeros/as. Tú no estás seguro/a si él/ella quiere ir. Trata de convencerlo/a. Usa las expresiones ya aprendidas.

2. **El/la guía del Museo del Prado.** Imagínate que eres un/a guía del Museo del Prado y estás a cargo de la sala de los grandes maestros de la pintura española. Tus compañeros harán el papel de un grupo de visitantes y les proporcionarás información sobre los pintores y ellos también te harán preguntas. Busca información en tu biblioteca sobre El Greco, Velázquez, Goya, Rivera, Murillo, Zurbarán, Picasso y Dalí para estar bien preparado/a.

3. **La cartelera.** Lee lo que dicen los anuncios y después escoge una de las obras de teatro e inventa un argumento para la clase. Luego formen un grupo y representen una escena en clase.

4. **Los críticos teatrales.** Tu compañero/a y tú son dos conocidos críticos/as de teatro que han visto la misma obra pero tienen diferentes opiniones. Discutan la obra en clase.

# Repasito

## El pretérito indefinido: terminaciones y usos

- Terminaciones para los verbos regulares:

| HABLAR | COMER | VIVIR |
|--------|-------|-------|
| hablé | comí | viví |
| hablaste | comiste | viviste |
| habló | comió | vivió |
| hablamos | comimos | vivimos |
| hablasteis | comisteis | vivisteis |
| hablaron | comieron | vivieron |

 **¡OJO!** Estas conjugaciones son para los verbos regulares, pero hay un gran número de verbos que son irregulares en el pretérito.

- El pretérito se usa cuando una acción, asunto o evento ya tuvo lugar.

EJEMPLOS:   Raquel y Michele **fueron** a la discoteca anoche.
Mis padres **vieron** una obra de teatro magnífica.
Pablo Picasso **murió** en 1973.

## El imperfecto del indicativo: terminaciones y usos

- Terminaciones para los verbos regulares:

| HABLAR | COMER | VIVIR |
|--------|-------|-------|
| hablaba | comía | vivía |
| hablabas | comías | vivías |
| hablaba | comía | vivía |
| hablábamos | comíamos | vivíamos |
| hablabais | comíais | vivíais |
| hablaban | comían | vivían |

El imperfecto expresa también una acción, asunto o evento que solía tener lugar en el pasado.

| IR | SER | VER |
|---|---|---|
| iba | era | veía |
| ibas | eras | veías |
| iba | era | veía |
| íbamos | éramos | veíamos |
| ibais | erais | veíais |
| iban | eran | veían |

- El imperfecto se usa para expresar una acción, asunto o evento repetido o continuo en el pasado sin determinar su principio o fin.

EJEMPLOS:    Raquel y Michele **iban** a la Discoteca Alegre cuando eran jóvenes.
Mis padres **veían** obras de teatro cuando vivían en Madrid.
Pablo Picasso **vivía** en Francia antes de morirse.

 Hay verbos como **saber**, **conocer**, **querer**, **tener**, entre otros, que cambian de sentido ya sea en el pretérito o el imperfecto.

**A. Ejercicios breves.** Cambia cada verbo del presente de indicativo al pretérito e imperfecto y luego, oralmente, traduce cada oración al inglés usando estos dos últimos tiempos.

1. Mi amigo y él comen juntos en la cafetería.
   _____/_____
2. Manuel y Víctor van a la exposición de pintura.
   _____/_____
3. ¿Cuántas horas trabajas en el museo?
   _____/_____
4. Goya es tan famoso como Velázquez.
   _____/_____
5. Sebastián baila en la discoteca.
   _____/_____

**B. ¿Cuál es?** Escoge el imperfecto o el pretérito y explica por qué es así.

1. Ayer (estábamos/estuvimos) en el parque cuando empezó a llover.
2. Cuando mis abuelos (eran/fueron) jóvenes, no (iban/fueron) al museo.
3. De niña yo (comía/comí) muchos postres.
4. El pintor se (moría/murió) anoche.
5. El mes pasado yo (estaba/estuve) en Las Cibeles.

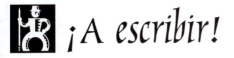 ¡A escribir!

**Mi estadía en….** Imagínate que estás en una ciudad muy grande y le escribes una tarjeta postal o le mandas una grabación a tu mejor amigo/a contándole algo acerca de tu estadía. Los pasos te ayudáran en la tarea.

TEMA: Mi estadía en…

▶ **Paso 1. Introducción.** Comienza con los siguientes puntos.

    1. Salutación
    2. Lugar donde estás
    3. Días que has estado en esta ciudad
    4. La razón por la que estás allí

▶ **Paso 2. Desarrollo.** Contesta las preguntas.

    1. ¿Cómo es la ciudad?
    2. ¿Qué has hecho?
    3. ¿Qué tal te va?
    4. ¿Cómo es la gente?
    5. ¿Qué lugares de interés has visitado?
    6. ¿Qué planes tienes?

▶ **Paso 3. Conclusión.** Concluye la carta o la grabación con la despedida más apropiada que ya aprendiste.

# De compras por la ciudad

| | |
|---|---|
| **¡La vida es así!** | Los Llorente salen de paseo y de compras por Madrid. |
| **Vocabulario práctico** | Aprenderás palabras y expresiones que son útiles cuando sales de compras. |
| **¡No me digas!** | Cuando acabes esta lección, estarás al tanto de la mercancía típica de España. También sabrás algo de las tiendas españolas y *El Rastro* (*flea market*). |
| **¡A practicar!** | Las actividades de esta lección te darán la oportunidad de poder comprar ropa y escoger las tallas correctas en un país hispanohablante. |
| **Repasito** | La formación de mandatos informales usando **vamos a**, **tú**, junto con el uso especial del reflexivo **se**. |
| **¡A escribir!** | La moda de hoy. |

# ¡La vida es así!

### De paseo por Madrid

GISELA: Hace un día chévere para ir de compras.

ROBERTO: ¡De eso nada, monada! Yo no vine a Madrid para ir de compras.

TERE: ¿Por qué no esperamos hasta el domingo? Así podremos ir de compras al Rastro. Allí se consiguen buenas gangas si uno regatea.

TERE: ¿Al Rastro? De ninguna manera. Aquí en Madrid hay grandes almacenes con muchos departamentos.

ROBERTO: Ya que no hay más remedio que ir de compras, creo que es mejor ir a una tienda porque son más especializadas.

GISELA: Sí, pero son más caras y cierran a la hora del almuerzo.

ROBERTO: ¿Y qué?

GUILLE: Si seguimos discutiendo, se nos va el día y se cierran las tiendas. ¡Vámonos!

TODOS: De acuerdo.

### ¿Recuerdas…?

1. ¿Quién no quiere ir de compras? ¿Por qué?
2. ¿A dónde desea ir de compras Guille?
3. ¿Por qué quiere ir a ese lugar?
4. ¿Por qué dice Roberto que es mejor ir a una tienda?
5. Según Gisela, ¿cuáles son las ventajas de ir a un almacén?

*(Al llegar al almacén Roberto y Gisela se paran enfrente de una vitrina mientras que Guille y Tere entran en el almacén.)*

GISELA: Roberto, ¿no te gusta ese saco gris de gabardina? Te hace juego con aquella camisa azul de manga larga y aquel pantalón negro. Está en venta.

ROBERTO: Prefiero ir a una sastrería. No hay nada mejor que un traje a la medida hecho por un sastre español.

GISELA: Mira ese vestido rojo de terciopelo que está al lado de la blusa verde de cuadros. ¡Está precioso!

ROBERTO: Desde aquí no le veo el precio, pero debe costar un ojo de la cara. No te antojes, ya tienes mucha ropa.

GISELA: Vamos, entremos.

ROBERTO: Bueno, ve al departamento de señoras que yo iré a curiosear por el almacén y a echarle un vistazo a la ropa.

## ¿Recuerdas…?

1. ¿Con qué le hace juego el saco gris a Roberto?
2. ¿Qué prefiere Roberto y por qué? Explica.
3. ¿De qué material es el vestido que está en la vitrina?
4. ¿Qué dice Roberto acerca del vestido?
5. ¿Qué va a hacer Roberto? ¿Por qué?

*(En el departamento de señoras.)*

GISELA: Señorita, ¿cuánto vale ese vestido que está en la vitrina?

DEPENDIENTA: Está en rebaja. Cuesta veinte mil pesetas.

GISELA: ¿Puedo probármelo?

DEPENDIENTA: Sí, el probador está a la derecha de aquel mostrador.

*(Unos momentos más tarde, después de probarse el vestido.)*

GISELA: Creo que me queda un poco ancho y muy largo.

DEPENDIENTA: No, señora, le queda muy bien. Es el estilo.

GISELA: ¿De veras? Bueno, me lo llevo.

DEPENDIENTA: ¿Algo más?

GISELA: Sí, ¿cuál es la talla de ese jersey blanco?

DEPENDIENTA: Es la treinta y seis. Le queda muy bien.

GISELA: Sí, pero … ¿no me hace una rebaja?

DEPENDIENTA: No, señora, nuestros precios son fijos. Bueno, espere un momento… voy a hablar con el gerente a ver lo que puedo hacer.

GISELA: Gracias.

DEPENDIENTA: Sí, le damos un veinte por ciento de descuento si lo compra junto con esa falda de algodón.

GISELA: ¡Trato hecho! Usted es una gran vendedora.

## ¿Recuerdas…?

1. ¿Cuánto costaba el vestido que Roberto y Gisela vieron en la vitrina?
2. Según la dependienta, ¿cómo le queda el vestido a Gisela?
3. ¿Qué más quiere comprar Gisela? Explica por qué.
4. ¿Cómo pudo conseguir una rebaja Gisela?

*(Después de cuatro horas, los Llorente se reúnen a la salida del almacén.)*

ROBERTO: ¡Ay, cómo me duelen los pies! Bueno, ¿qué compraron? Yo sólo compré un cinturón de cuero, un par de pañuelos y una corbata de seda.

TERE: Yo me compré un par de zapatos, ropa interior, una cartera y un camisón verde como los ojos de Sebastián.

ROBERTO: ¿Y quién es Sebastián?

GUILLE: Es el tigre que Tere vio ayer en el zoológico de Madrid.

ROBERTO: Ah, bueno, yo creía que …

GUILLE: Yo me compré un par de zapatos, una chaqueta de cuero, un sombrero, calcetines, una billetera, un …

GISELA: Pero Guille, ¡te volviste loco!

GUILLE No te preocupes; usé tu tarjeta de crédito.

GISELA: ¡Ay bendito!

ROBERTO: ¿Y tú no eras la que querías ir de compras? Te llevaste tu merecido.

## ¿Recuerdas…?

1. ¿Qué compró Roberto? Explica en detalle.
2. ¿Qué compró Tere?
3. ¿Con qué compara Tere el color del camisón?
4. ¿Por qué dijo Gisela que Guille se volvió loco?
5. ¿Qué usó Guille para pagar? Explica.

# Vocabulario práctico ⟩⟩⟩/⟨⟨⟨⟩⟩⟩/⟨⟨⟨⟩⟩⟩/⟨⟨⟨⟩⟩⟩/⟨⟨⟨⟩⟩⟩/⟨⟨⟨

## Sitios para comprar

| | |
|---|---|
| el almacén | *department store* |
| el centro comercial | *shopping center* |

## La ropa

| | |
|---|---|
| el abrigo | *overcoat* |
| las bragas | *women's underwear* |
| los calcetines | *socks* |
| los calzoncillos | *men's underwear* |
| la camisa | *shirt* |
| el camisón | *nightgown* |
| el cinturón | *belt* |
| la corbata | *tie* |
| el jersey | *sweater* |
| la falda | *skirt* |
| los guantes | *gloves* |
| el jersey | *sweater* |
| las medias | *stockings* |
| el pantalón | *trousers* |
| el pañuelo | *handkerchief* |
| la ropa interior | *lingerie, underwear* |
| el saco | *coat, jacket* |
| el sostén | *brassiere* |
| el traje | *suit* |
| el vestido | *dress* |

## El calzado

| | |
|---|---|
| las botas | *boots* |
| las sandalias | *sandles* |
| los tenis | *tennis shoes* |
| los zapatos | *shoes* |

## Los materiales

| | |
|---|---|
| el algodón | *cotton* |
| el cuero | *leather* |
| la gabardina | *gabardine* |
| la lana | *wool* |
| la piel | *leather, fur* |
| la seda | *silk* |
| el terciopelo | *velvet* |

## Las descripciones

| | |
|---|---|
| de cuadros | *plaid* |
| de rayas | *stripes* |
| las mangas cortas | *short sleeves* |
| las mangas largas | *long sleeves* |

## Las tallas

| | |
|---|---|
| grande | *large* |
| mediano/a | *medium* |
| pequeño/a | *small* |

## Palabras claves

| | |
|---|---|
| la billetera | *billfold* |
| la cartera | *handbag* |
| el/la dependiente/a | *salesperson* |
| el descuento | *discount* |
| la etiqueta | *price tag* |
| la ganga, la venta | *bargain* |
| el lema | *slogan* |
| el mostrador | *checkout counter* |
| el probador | *fitting room* |
| la talla | *size* |
| el/la vendedor/a | *salesperson* |
| la vitrina, el escaparate | *show window* |

## Verbos

| | |
|---|---|
| ahorrar | *to save* |
| aprovechar | *to take advantage of* |
| calzar | *to wear (shoes)* |
| curiosear | *to browse* |
| llevar | *to wear* |
| mostrar | *to show* |
| probarse | *to try on* |
| quedarle a uno | *to fit (clothing)* |
| rebajar | *to lower (in price)* |
| regatear | *to bargain* |
| reunirse | *to meet* |
| valer | *to cost; to be worth* |

## Adjetivos

| | |
|---|---|
| ancho/a | *loose-fitting (clothes)* |
| corto/a | *short* |
| estrecho/a | *tight-fitting (clothes)* |
| largo/a | *long* |
| lindo/a | *beautiful, pretty* |
| sencillo/a | *simple* |

## Modismos y expresiones útiles

| | |
|---|---|
| a la medida | *tailor made* |
| ¡Ay bendito! | *Good gracious!* |
| de acuerdo | *all right* |
| ¡De eso nada, monada! | *No way baby!* |
| de ninguna manera | *no way* |
| de veras | *really* |
| echar un vistazo | *to take a look* |
| estar en rebaja | *to be on sale* |
| estar en venta | *to be on sale* |
| hacer juego | *to match* |
| ir a curiosear | *to browse around* |
| ir de compras | *to go shopping* |
| irse el día | *to let the day go by* |
| llevarse su merecido | *to get what you deserve* |
| No hay más remedio. | *There's no other choice.* |
| No te antojes. | *Don't get any ideas.* |
| Trato hecho. | *It's a deal.* |
| ¡Vámonos! | *Let's go!* |

# ¡No me digas!

**El Rastro** es el *flea market* más famoso que tiene Madrid; allí se puede comprar cualquier cosa imaginable. El **regatear** (*bargaining*) es parte del pasatiempo. Conviene saber cómo regatear antes de visitar El Rastro.

Los **almacenes** (*department stores*) en España tienen fama mundial por sus productos elegantes y de alta calidad. Entre ellos se encuentran **joyas** (*jewelry*), cerámica, **encajes** (*laces*), chaquetas y bolsos de piel, trajes de lana y **lienzos** (*linens*).

Las tiendas españolas se abren a eso de las nueve de la mañana. La mayor parte de ellas, con la excepción de los grandes almacenes, cierran desde las dos hasta las cinco de la tarde. Esto les da tiempo a los empleados para almorzar y tomar una siesta. Las tiendas vuelven a abrir a las cinco y permanecen abiertas hasta las ocho de la noche.

En España algunos artículos de ropa como zapatos hechos especialmente **a la medida** (*custom-made*), por lo general se pueden conseguir a menos precio que en los Estados Unidos porque la **mano de obra** (*hand labor*) es menos cara.

Muchas tiendas españolas se especializan solamente en un producto o en un servicio. Los nombres de estas tiendas a menudo terminan en **-ía**. A continuación te ofrecemos una lista de ellas:

| | | | |
|---|---|---|---|
| **bisutería** | *costume jewelry shop* | **mueblería** | *furniture store* |
| **carpintería** | *carpenter's shop* | **peletería** | *fur shop* |
| **chocolatería** | *hot chocolate shop* | **peluquería** | *beauty parlor* |
| **dulcería** | *confectioner's shop* | **pescadería** | *fish market* |
| **ferretería** | *hardware shop* | **plomería** | *plumber's shop* |
| **joyería** | *jewelry store* | **quesería** | *cheese shop* |
| **lavandería** | *laundromat* | **relojería** | *watchmaker's shop* |
| **lechería** | *dairy* | **ropería** | *clothing store* |
| **lencería** | *linen shop* | **sastrería** | *tailor's shop* |
| **librería** | *bookstore* | **sombrerería** | *hat store* |
| **licorería** | *liquor store* | **tintorería** | *dry cleaning shop* |
| **mantequería** | *dairy* | **zapatería** | *shoe shop* |

La palabra que se usa en países de habla española equivalente a *show window* cambia de un país a otro. En España, por ejemplo, se usa **escaparate**, mientras que en la mayoría del resto del mundo hispánico encontramos la palabra **vitrina**. En Cuba usan **vidriera**.

# ¡A practicar!

**A. Rompegrupo.** Elimina en cada línea la palabra que no se relaciona con las demás.

1. a. camisa        b. camisón      c. pantalón      d. corbata
2. a. falda         b. blusa        c. calcetines    d. vestido
3. a. calzoncillos  b. bragas       c. sostén        d. zapatos
4. a. seda          b. lana         c. algodón       d. talla
5. a. botas         b. sandalias    c. zapatos       d. jersey

**B. Definiciones.** Escoge la palabra que corresponde a cada definición.

| | | |
|---|---|---|
| abrigo | cuero | mostrador |
| centro comercial | camisón | guantes |
| traje | calzoncillos | billetera |
| probador | lema | vitrina |

1. lugar donde hay muchas tiendas _____

2. artículo que usa la mujer para dormir _____

3. material de los cinturones _____

4. artículo que se usa si hace frío _____

5. lugar para probarse la ropa _____

6. ropa que se usa para una fiesta _____

7. artículo para poner el dinero _____

8. artículo que sólo usa el hombre _____

9. siempre se compran en pares _____

10. lugar donde pagamos por las cosas _____

11. "La mejor ganga del día" _____

12. ventana grande de cristal en una tienda _____

**C. En el centro comercial.** Reúnete con un compañero/a y completa el diálogo siguiente usando la tabla de medidas que aparece a continuación.

SEÑORA: Buenos días, quiero un vestido de seda.

DEPENDIENTE: _____.

SEÑORA: Me gusta el rojo o el azul.

DEPENDIENTE: _____.

SEÑORA: Es la treinta y dos en España. ¿Cuál es aquí en los Estados Unidos?

DEPENDIENTE: _____.

SEÑORA: Me queda estrecho.

DEPENDIENTE: _____.

SEÑORA: No, me lo llevo.

DEPENDIENTE: _____.

SEÑORA: No gracias.

| TALLAS Y MEDIDAS | | | | | | | | | | |
|---|---|---|---|---|---|---|---|---|---|---|
| **MUJER** | | | | | | | | | | |
| CINTURA APROXIMADA EN CM. | 56 cm. | 60 cm. | 64 cm. | 68 cm. | 72 cm. | 76 cm. | 80 cm. | 84 cm. | 88 cm. | -- |
| TALLAS DE MUJER EN ESPAÑA | 32 | 34 | 36 | 38 | 40 | 42 | 44 | 46 | 48 | -- |
| TALLAS DE MUJER EN U.S.A. | 2 | 4 | 6 | 8 | 10 | 12 | 14 | 16 | 18 | -- |
| TALLAS DE MUJER EN REINO UNIDO | 4 | 6 | 8 | 10 | 12 | 14 | 16 | 18 | 20 | -- |
| TALLAS DE MUJER EN ALEMANIA | 30 | 32 | 34 | 36 | 38 | 40 | 42 | 44 | 46 | -- |
| TALLAS DE MUJER EN FRANCIA | 32 | 34 | 36 | 38 | 40 | 42 | 44 | 46 | 48 | -- |
| DENOMINACIÓN TALLAS EN U.S.A. | XS | | S | | M | | L | | XL | |
| DENOMINACIÓN TALLAS UNISEX EN U.S.A. | -- | | XS | | S | | M | | L | XL |
| **HOMBRE** | | | | | | | | | | |
| TALLAS DE HOMBRE/UNISEX EN U.S.A. | XS | | S | | | M | | | L | XL |
| CINTURA APROXIMADA EN PULGADAS | 28" | 29" | 30" | 31" | 32" | 33" | 34" | 36" | 38" | 40" |
| CINTURA APROXIMADA EN CM. | 72 cm. | 74 cm. | 76 cm. | 78 cm. | 80 cm. | 84 cm. | 88 cm. | 92 cm. | 96 cm. | 102 cm. |

## D. Cuéntaselo a la clase.

1. ¿Te vistes sencillo o elegante? Explica.
2. ¿Prefieres comprar en una tienda o en un almacén?
3. ¿Crees que es buena idea probarte la ropa antes de comprarla? ¿Por qué?
4. ¿Qué tipo de ropa te gusta comprar? Explica.
5. ¿Crees que es importante vestirse a la moda? Di por qué.
6. ¿Has trabajado como dependiente/a en una tienda o en un almacén? Cuenta tus experiencias.
7. ¿Cómo pagas cuando compras en las tiendas? ¿Por qué?

**☙ E. Descripción del dibujo.**

1. ¿Cuáles son los artículos que están en el escaparate?
2. ¿Cuál es el artículo más caro? ¿Cuánto cuesta?
3. ¿Cuál es el artículo más barato? ¿Cuánto cuesta?
4. ¿Crees que la señora con su perro va a comprar algo? ¿Qué? ¿Para quién?
5. ¿Qué artículo le comprarías a tu novia/o? ¿Por qué? Explica.
6. ¿Con qué pagarías tú, con tarjeta de crédito o en efectivo? Da una o dos razones.

**F. Charlemos un poco.**

1. **Los clasificados.** Mira los siguientes anuncios y prepara un anuncio de televisión para cada uno de ellos.

Cómprate un traje
y
Te regalamos el segundo

trajes hechos a la medida
para hombres y jóvenes

**A MEDIDA**

**PRECIOS
RAZONABLES**

D. Ramón Serrano Carbajal
Sastre por más de 30 años

Llámelo al 59-28-33
Localizado en la Plaza Santa María
Barrio Montesinos, Valencia

*Ropa Mercedes*

*Se venden vestidos y trajes:
Grandes, Medianos y Pequeños*

**También se venden:**

- Bolsos de piel.
- Calzados de cuero.
- Sacos de piel.
- Carteras de cuero.

DESCUENTOS POR ANIVERSARIO

Horas: 10-2 y de 5-8.
Excepto días festivos.

Estamos localizados en C/Lope de
Vega, 29. Tel: 29-48-85.

2. **Pague o salga.** Con un/a compañero/a, preparen un diálogo entre el/la dependiente/a de una tienda y un/a cliente que quiere regatear.

3. **En venta.** Cuéntale a la clase sobre un artículo que compraste en una venta o en liquidación.

4. **Entre clientes y dependientes.** La clase se convertirá en un almacén y los estudiantes traerán ropa, carteles y otros artículos. Algunos serán los clientes y los dependientes; otros serán los cajeros y uno será el gerente. Traten de poner en práctica lo aprendido en la lección.

# Repasito

## Mandatos con *vamos a*

**Vamos a + infinito**, se usa en vez de la primera persona del plural (nosotros) del imperativo, como por ejemplo, **demos**, **comamos** y **llamemos**.

> EJEMPLOS: **Vamos a dar** un paseo por El Rastro.
> **Vamos a comer** ahora porque allí viene más gente.
> **Vamos a llamar** a mamá para su cumpleaños.

 El mandato **vamos a + infinito** se usa en la forma afirmativa y no en la negativa, y es más una invitación o sugerencia que un mandato.

## Mandatos con *tú*

Como ya hemos visto, todo mandato formal en verbos regulares, se forma cambiando la vocal del infinitivo. Aquí trataremos solamente de la forma **tú** que no se atiene a esta regla.

| MANDATO AFIRMATIVO |
|---|
| hablar → habla tú |
| comer → come tú |
| vivir → vive tú |

| MANDATO NEGATIVO |
|---|
| hablar → no hables tú |
| comer → no comas tú |
| vivir → no vivas tú |

 El mandato afirmativo **tú** viene del presente del indicativo; y el negativo, del presente del subjuntivo. Algunos mandatos con **tú** son totalmente irregulares.

| MANDATOS IRREGULARES |
|---|
| decir → di |
| hacer → haz |
| ir → ve |
| poner → pon |
| salir → sal |
| tener → ten |
| venir → ven |

## Usos de *se*

El reflexivo **se** puede usarse si el agente (*doer*) es impersonal o el sujeto no está identificado.

EJEMPLOS:    Aquí **se habla** español. (No se sabe quién).
Se come bien en España. (Creencia general).
El almacén **se abre** a las diez. (No sabemos quién lo abre).

**A. Un paso más.** Traduce las oraciones teniendo en cuenta los puntos gramaticales mencionados anteriormente.

1. Let's go shopping at the shopping center.

_____

2. Talk to mother and then go to the checkout counter.

_____

3. Don't buy that red tie. Buy the blue one.

_____

4. Lucía, let's take a look at that show window.

_____

5. Antonia, come with me to the department store.

_____

**B. Ejercicios breves.** Quítales el sujeto a estas oraciones y luego escríbelas con el reflexivo **se**.

1. Ellos compraron ropa en *El Corte Inglés.*

_____

2. Los dueños cerraban las tiendas a las cinco.

_____

3. No saben qué compraron los padres ni por qué.

_____

4. ¿Por dónde va uno al departamento de señoras?

_____

5. Los dependientes hablan español en este almacén.

_____

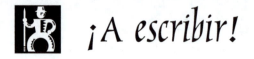 **¡A escribir!**

**La moda de hoy.** Prepara una composición sobre la moda de hoy. Los pasos te ayudarán en la tarea.

TEMA: La moda de hoy

▶ **Paso 1. Introducción.** Contesta la pregunta.

¿Cómo ha cambiado la moda de hoy durante la última década?

▶ **Paso 2. Desarrollo.** Contesta la pregunta.

1. Cuando uno se viste a la moda, ¿pierde su personalidad o la refleja?
2. ¿Escoges tú ropa porque te gusta o porque quieres seguir a los demás?

▶ **Paso 3. Conclusión.** Termina la frase.

Estoy a favor o en contra de la moda de hoy porque…

# Alquilando un coche

| | |
|---|---|
| **¡La vida es así!** | Los Llorente alquilan un coche para poder **recorrer** (*to explore*) España. |
| **Vocabulario práctico** | Tu vocabulario mejorará añadiendo las palabras y expresiones relacionadas con coches y con las partes externas e internas de un coche. |
| **¡No me digas!** | El sistema métrico se compara con el sistema de peso y medidas utilizado en los Estados Unidos; se explica el uso de distintas palabras para **coche** y también se presentan varios verbos que significan **manejar** (*to drive*). |
| **¡A practicar!** | Después de acabar esta lección, podrás charlar de coches, cómo alquilar uno de ellos, y qué hacer en caso de una **avería** (*breakdown*). |
| **Repasito** | Los usos de los verbos **ser** y **estar**. |
| **¡A escribir!** | ¿Cómo comprar un buen automóvil? |

# ¡La vida es así!

## Alquilando un coche

ROBERTO:   Gente, ¿qué les pasa? ¿Se les pegaron las sábanas? Levántense que vamos a ir a una agencia de alquiler de carros para alquilar uno y hacer nuestro recorrido por España.

GUILLE:   Creía que íbamos a hacerlo en tren.

TERE:   No, mejor es en carro porque así podemos hacer lo que nos dé la gana.

*(En la agencia.)*

ROBERTO:   Buenos días, señorita. Queremos alquilar un carro. ¿Cuál sería la mejor manera?

SEÑORITA:   Si piensan usar el coche por más de una semana les recomiendo nuestro plan de kilometraje ilimitado.

GISELA:   ¿Cómo son los precios? Queremos un carro que sea bueno, bonito y barato.

SEÑORITA:   Todo depende de la marca, el modelo del carro y el tiempo que deseen usarlo.

GISELA:   ¿Cuál es el carro más barato?

| SEÑORITA: | El más barato es un Seat Marbella de cuatro plazas que cuesta 26.000 pesetas por un mínimo de siete días, y el más caro es un Mercedes 230E que les sale en 56.000 pesetas a la semana. |
|---|---|
| ROBERTO: | El Mercedes ni soñarlo; nos quedamos con el Seat porque es el más económico. |
| GUILLE: | ¿Cuántas millas hace por galón? |
| SEÑORITA: | Aquí en España no usamos ni millas ni galones; usamos kilómetros y litros. El coche hace unos 16 kilómetros por litro. |
| ROBERTO: | ¿Dónde se puede entregar el coche? |
| SEÑORITA: | En cualquiera de nuestras agencias. |
| GISELA: | ¿Incluye el seguro? |
| SEÑORITA: | No señora, el seguro va por su cuenta. |
| GUILLE: | En caso de averías, ¿quién paga? |
| SEÑORITA: | Eso va por nuestra cuenta, pero nuestros coches siempre están en perfectas condiciones. |
| ROBERTO: | Bien, ¿qué tengo que hacer? |
| SEÑORITA: | Favor de darme su carnet de conducir, su pasaporte y llenar esta planilla. |
| TERE: | Mira, Guille, me gusta aquel carro. Es verde como los ojos de… |
| GUILLE: | No empieces, que ya me empalagas con eso de los ojos de Sebastián. |
| SEÑORITA: | (*Mirando la planilla.*) Todo está en orden. Pueden pasar a recoger el coche en el garaje. ¡Buen viaje! |

## ¿Recuerdas…?

1. ¿A dónde quiere ir Roberto y por qué?
2. ¿Por qué dice Tere que es mejor hacer el recorrido por carro?
3. ¿Qué les recomienda la señorita a los Llorente? ¿Por qué?
4. ¿Qué tipo de coche quiere Gisela? ¿Por qué?
5. ¿Cuál es el coche más barato y cuál es el más caro?
6. ¿Cuál de los coches escogieron los Llorente y por qué?
7. ¿Cuántas millas hace el Seat por litro? ¿Por galón?
8. Según la señorita, ¿quién paga por las averías?
9. ¿Por qué le gusta uno de los carros a Tere? Explica.
10. ¿Qué tuvo que hacer Roberto para alquilar el coche?

# Vocabulario práctico

## Nombres

| | |
|---|---|
| el aceite | oil |
| el acumulador | battery |
| la agencia de alquiler de carros | car rental agency |
| la autopista | expressway |
| la avería | breakdown; car trouble |
| el baúl | trunk |
| la bocina | horn |
| el capó | hood |
| el carnet de conducir | driver's license |
| la carretera | highway |
| la cerradura | lock |
| la chapa; la placa | license plate |
| el choque | wreck |
| el cinturón de seguridad | seat belt |
| la comodidad | comfort |
| el/la conductor/a | driver |
| la correa, la polea | fan belt |
| la derecha | right hand |
| el embrague | clutch |
| la estación de servicio | gas station |
| el exceso de velocidad | speeding |
| los frenos | brakes |
| la garantía | warranty |
| la goma, la llanta | tire |
| la guantera | glove compartment |
| el guardafango | fender |
| el indicador | turn signal |
| la izquierda | left hand |
| el kilometraje ilimitado | unlimited mileage |
| las luces | lights |
| el mantenimiento | maintenance |
| la multa | fine |
| el parabrisas | windshield |
| el parachoques | bumper |
| la pieza de respuesto | spare part |
| la planilla | application form |
| el retrovisor | rear view mirror |
| el rótulo | traffic sign |
| el seguro | insurance |
| el semáforo | traffic light |
| el servicio mecánico | repair service |
| el silenciador | muffler |
| el tanque de la gasolina | gas tank |
| el timón, el volante | steering wheel |
| el velocímetro | speedometer |

## Verbos

| | |
|---|---|
| acelerar | to accelerate |
| alquilar | to rent |
| apagar | to shut, stop |
| aparcar | to park |
| arrancar | to start (motor) |
| conducir; manejar | to drive |
| detener | to stop |
| encender | to turn on (lights) |
| entregar | to deliver, turn in |
| llenar | to fill up |
| remolcar | to tow |
| tomar | to pick up (car) |

## Adjetivos

| | |
|---|---|
| económico/a | inexpensive |
| embriagado/a | intoxicated |

## Adverbs

| | |
|---|---|
| despacio | slowly |
| rápido | faster |

## Modismos y expresiones útiles

| | |
|---|---|
| por su cuenta | at your own expense |
| con eso de | with that thing about |
| hacer autostop | to hitchhike |
| ¿Necesita auxilio? | Do you need help? |
| pegársele a uno las sábanas | to oversleep |
| quedarse sin gasolina | to run out of gas |
| ¿Qué les pasa? | What's the matter? |
| Ya me empalagas. | You're making me sick. |

# ¡No me digas!

Hay varias palabras para **coche** (*car*) en español. En España se usa coche, pero en otros países se dice **carro**, **auto** o **automóvil**. En la lengua de "la calle" o en garajes a veces se oye la palabra **máquina**.

En la mayor parte de los países hispanohablantes se dice **conducir** (*drive*) un coche, pero también se oyen los verbos **guiar** y **manejar**. **Arrear** es muy popular en partes del suroeste de los Estados Unidos; Nuevo México es un buen ejemplo.

En España, igual que en otros países, el **sistema métrico** (*Metric System*) es el sistema oficial de pesos y medidas. Los Estados Unidos es uno de los pocos países en el mundo donde no se usa oficialmente el sistema métrico. Sin embargo, ya que el sistema métrico es más conveniente en términos de unidades de uno a diez, poco a poco se viene adoptando en los Estados Unidos.

| EQUIVALENTES MÉTRICOS AL SISTEMA USUAL DE LOS ESTADOS UNIDOS | | | | | | | | | |
|---|---|---|---|---|---|---|---|---|---|
| 1 | 2 | 3 | 4 | 5 | 6 | 7 | 8 | 9 | 10 |
| **MILLAS** 0.62 | 1.24 | 1.86 | 2.49 | 3.11 | 3.73 | 4.35 | 4.97 | 5.59 | 6.21 |
| **KILÓMETROS** 1.61 | 3.22 | 4.83 | 6.44 | 8.05 | 9.66 | 11.27 | 12.87 | 14.48 | 16.09 |
| 1 | 2 | 3 | 4 | 5 | 6 | 7 | 8 | 9 | 10 |
| **LIBRAS** 2.21 | 4.41 | 6.61 | 8.82 | 11.02 | 13.23 | 14.43 | 17.64 | 19.84 | 22.05 |
| **KILOGRAMOS** 0.45 | 0.91 | 1.36 | 1.81 | 2.27 | 2.72 | 3.18 | 3.63 | 4.08 | 4.53 |
| 1 | 2 | 3 | 4 | 5 | 6 | 7 | 8 | 9 | 10 |
| **GALONES** 0.22 | 0.44 | 0.66 | 0.88 | 1.10 | 1.32 | 1.54 | 1.76 | 1.98 | 2.20 |
| **LITROS** 3.78 | 7.56 | 11.34 | 15.12 | 18.90 | 22.68 | 26.46 | 30.24 | 34.02 | 37.80 |

# ¡A practicar!

**A. El desastre de ayer.** Completa el párrafo con la forma apropiada de las siguientes palabras.

| | | | |
|---|---|---|---|
| planilla | manejar | seguro | avería |
| alquilar | carretera | multa | rápido |

La semana pasada _____ un carro en una agencia. Antes de entregarme el carro

tuve que llenar varias _____. El alquiler no incluía el _____. Cuando

iba por la _____ un policía me puso una _____ porque iba muy

_____. Después de _____ por varias horas tuve una

_____ en la carretera y tuvimos que hacer auto-stop. ¡Qué desastre!

**B. Antónimos.** Empareja cada palabra con su antónimo.

1. ___ encender
2. ___ derecha
3. ___ tomar
4. ___ rápido
5. ___ acelerar

a. izquierda
b. entregar
c. despacio
d. detener
e. apagar

**C. Hablando de coches....** Selecciona la palabra más apropiada para completar el significado de la oración. Haz cambios cuando sean necesarios.

1. Cuando conduzco de noche _____ las luces del carro.
   (encender/apagar/aparcar)
2. Al hacer un viaje siempre pongo el equipaje dentro del _____ del carro.
   (asiento/capó/baúl)
3. Usé los _____ para detener el carro.
   (frenos/semáforos/parachoques)
4. Los coches con transmisión automática no tienen _____.
   (silenciador/velocímetro/embrague)
5. Puse el mapa dentro de la _____ del coche.
   (avería/guantera/correa)
6. Las _____ de mi coche son negras.
   (parabrisas/luces/gomas)
7. Siempre miro por el _____ para ver los carros que vienen detrás.
   (capó/retrovisor/velocímetro)
8. Si quiero doblar a la derecha pongo el _____.
   (timón/indicador/guardafango)

**D. Alquilando un coche.** Lee el anuncio y contesta las siguientes preguntas.

# VELTESA

### ALQUILER DE COCHES SIN CONDUCTOR
### TARIFA EN PESETAS

| GRUPO | TIPO DE COCHE | | ALQUILER POR TIEMPO Y KILÓMETROS | | | KILOMETRAJE ILIMITADO | | |
|---|---|---|---|---|---|---|---|---|
| | | | Por día | Por Km. | Fin de Semana 250 Km. incl. | 1-2 días Por día | 3-6 días Por día | 7 o más días Por día |
| A | FORD FIESTA OPEL CORSA  RENAULT | ♫ | 2.800 | 28 | 11.000 | 6.000 | 5.300 | 4.300 |
| B * | PEUGEOT 106 KID PEUGEOT 205 RENAULT CLIO | ♫ | 3.300 | 33 | 12.000 | 7.000 | 6.300 | 5.000 |
| C * | SEAT IBIZA FIAT BRAVA 1.4 | D/A ♫ | 3.800 | 38 | 14.000 | 8.000 | 7.300 | 6.000 |
| D * | RENAULT 19 PEUGEOT 306 TARIFA FORD ESCORT | D/A ♫ | 4.600 | 43 | 19.000 | 9.300 | 8.300 | 7.300 |
| E * | RENAULT LAGUNA 1.8 PEUGEOT 406 1.8 LACIA DEBRA | D/A ♫ | 6.500 | 60 | 23.000 | 12.000 | 10.000 | 8.000 |
| F * | MICROBÚS | ♫ | 11.000 | 100 | | 18.000 | 16.000 | 14.000 |

ENTREGA Y RECOGIDA EN DISTINTA CIUDAD, 15 DÍAS DE ALQUILER MÍNIMO

SERVICIOS DÍA/NOCHE DOMINGOS Y FESTIVOS

CENTRAL DE RESERVAS: Vía Carpetana, 101 - 28019 MADRID TEL. (91) 462 84 77

GARAJE: Doctor Zofio, 14  28019 MADRID TEL. (91) 462 86 66

(*) Sólo servicios locales. Fin de semana de viernes 17.00 h. a lunes 09.00 h.

1. ¿Cuántos grupos de coches hay?
2. ¿Qué tipo de coche te gustaría alquilar?
3. ¿Cuál es el coche más barato?
4. ¿Cuánto cuesta alquilar un Peugeot 406 1.8 por quince días?
5. ¿Cuánto cuesta alquilar un microbús por un día?
6. ¿Qué es más caro, alquilar un Ford Fiesta o un Renault Laguna?
7. ¿Qué hay que hacer para entregar o recoger un coche en distintas ciudades?

## E. Cuéntaselo a la clase.

1. ¿Qué te gusta conducir, un coche o un microbús? ¿Por qué? Explica.
2. ¿Por qué es necesario tener un seguro para conducir?
3. ¿Crees que los coches europeos son mejores que los norteamericanos? Explica por qué.
4. ¿Cuál es tu coche favorito? Explica tu respuesta.
5. ¿Cómo es tu coche? Descríbelo en detalle.
6. ¿Crees que es necesario tener un límite de velocidad de 55 millas? Di por qué.
7. ¿Cuál es tu opinión acerca de las personas que manejan embriagadas?
8. ¿Qué opinas de hacer obligatorio el llevar el cinturón de seguridad? Trata de convencer a tus compañeros.

F. **Descripción del dibujo.**

Mira el dibujo y escribe la parte del carro que corresponde a cada número.

1. _____       12. _____
2. _____       13. _____
3. _____       14. _____
4. _____       15. _____
5. _____       16. _____
6. _____       17. _____
7. _____       18. _____
8. _____       19. _____
9. _____       20. _____
10. _____      21. _____
11. _____      22. _____

**G. Charlemos un poco.**

1. **Una emergencia.** Reúnete con un/a compañero/a y miren el dibujo. Luego inventen un diálogo entre la señorita y el señor que la viene a ayudar. Traten de usar el vocabulario aprendido en esta lección.

2. **El autostop.** Reúnete con un/a compañero/a y preparen un diálogo. Uno/a de ustedes es un conductor que va por la carretera y el/la otro/a es un/a chico/a que está haciendo autostop.

3. **Comprando un coche.** Inventa con un/a compañero/a una conversación entre un/a vendedor/a de coches y un/a cliente, teniendo en cuenta las palabras aprendidas en esta lección.

4. **En el camino a la playa.** Reúnanse varios de ustedes y hagan el papel de un grupo de estudiantes que van en un microbús a la playa cuando los detiene un policía porque van a exceso de velocidad y no llevan puestos los cinturones de seguridad. Uno de ustedes será el policía.

# Repasito

## Usos de los verbos *ser* y *estar*

- El verbo **ser** se emplea para: identificar, señalar una característica permanente; indicar origen; identificar dueño de propiedad, materia o destino; señalar la hora o el tiempo; e indicar edad (**joven-viejo**), riqueza o pobreza. También se utiliza en expresiones impersonales (**Es necesario que...**).

  EJEMPLOS:   El carbón **es** negro y la nieve **es** blanca.
  Los padres de Juan Valdez **son** de Colombia.
  La Biblioteca Nacional en Madrid **es** del estado.
  La corona de la reina **es** de oro y plata.
  Estos libros **son** para la librería.
  **Son** las once de la noche. Ya **es** hora de irnos.
  Hoy **es** el día de San Juan.
  Tu abuelito **es** viejo pero no **es** pobre.
  **Es** imposible estudiar en un museo.
  Este señor **es** Pedro Ramos.

- El verbo **estar** por lo general se emplea para expresar una condición o estado temporal, y determinar lugar o posición. Se usa también en construcciones gramaticales con tiempos progresivos.

  EJEMPLOS:   El café que me sirvieron **estaba** bien frío.
  Los pacientes en el hospital **están** enfermos.
  El Banco Nacional **está** en la Avenida del Sol.
  **Estamos** estudiando español en Madrid.

Hay que tener en cuenta que, en ciertas situaciones, se puede usar tanto el verbo **ser** como **estar**, aunque existe una ligera diferencia en el significado.

EJEMPLO:   El perro **está** malo.   o   El perro **es** malo.
*The dog is ill.*     or   *The dog is mean.*

**A. Llena el blanco.** Escoge el verbo **ser** o **estar** y conjúgalo en el presente del indicativo.

1. Mariluci y Patricia _____ de Nicaragua pero ahora _____
   en Los Ángeles.

2. Francisco y su novia _____ parientes del Dr. Javier López.

3. Yo tengo un carro que _____ azul; _____ estacionado cerca
   del Teatro Esperanza.

4. ¿A qué hora _____ la obra? ¿Dónde _____ el teatro?

5. Fuimos mi esposa y yo al mercado pero _____ cerrado; hoy
   _____ un día de fiesta.

6. ¿Por qué _____ tan contento el profesor? No _____verdad;
   _____ enfadado.

**B. Un paso más.** Traduce cada una de las siguientes oraciones empleando el verbo **ser** o **estar**.

1. Jane Atencio, who is from Spain, is very smart.

   _____

2. The Bank of America is downtown on first street.

   _____

3. Thank goodness my grandparents are still alive.

   _____

4. Michele's father is a professor of languages.

   _____

5. The milk is cold, but the coffee is very hot.

   _____

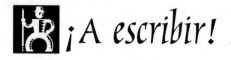 **¡A escribir!**

**¿Cómo comprar un buen automóvil?** Prepara una composición sobre cómo comprar un buen automóvil. Los pasos te ayudarán en la tarea.

TEMA: ¿Cómo comprar un buen automóvil?

▶ **Paso 1. Introducción.** Termina las frases.

      1. La reputación de la agencia es…
      2. La reputación de la marca…

▶ **Paso 2. Desarrollo.** Da la información sobre los siguientes aspectos.

      1. El precio del coche y el modelo
      2. La comodidad o la economía
      3. El mantenimiento y la garantía
      4. Las piezas de repuesto y el servicio mecánico

▶ **Paso 3. Conclusión.** Termina la frase.

      El saber comprar un buen automóvil es tan importante como…

# El diario de Gisela

| | |
|---|---|
| **¡La vida es así!** | Gisela escribe en su **diario** (*diary*) el viaje con su familia por España, señalando las varias regiones y ciudades del país. |
| **Vocabulario práctico** | Aprenderás palabras y expresiones que son útiles cuando uno viaja. |
| **¡No me digas!** | Se mencionan brevemente algunos sitios famosos como la Mezquita en Córdoba, la Giralda en Sevilla y la Alhambra en Granada, además de algunos **antojitos** (*tidbits*) culturales. |
| **¡A practicar!** | Esta lección te preparará para hablar de la geografía de España y reconocer ciertas señales de tráfico. También podrás describir tu ciudad favorita con el vocabulario aprendido. |
| **Repasito** | El uso del sufijo **-ísimo**, con algunos otros usos especiales del infinitivo con preposiciones. |
| **¡A escribir!** | Mi viaje inolvidable. |

## El diario de Gisela

4 de julio
Querido diario:

Por fin he tenido un rato libre para narrarte nuestro recorrido por España. Alquilamos un carro en Madrid y lo primero que hicimos fue visitar la ciudad de Toledo. Allí vimos su impresionante alcázar y su famosa catedral. También visitamos la casa de El Greco y vimos sus pinturas en el museo. Después partimos para La Mancha, tomando la ruta de don Quijote. Esta área es muy pintoresca y todavía se pueden ver los famosos molinos de viento. Cuando terminamos nuestro recorrido por La Mancha, nos dirigimos hacia Valencia donde nos quedamos dos días. Valencia es muy importante para la agricultura en España porque es una región muy fértil. Allí se cosechan arroz, aceitunas, toda clase de legumbres y, por supuesto, las famosas naranjas de Valencia. Tuvimos la suerte de ver el famoso Tribunal de las Aguas y nos comimos una típica paella valenciana. ¡Ay que comida más rica!

Al terminar nuestra visita a Valencia nos dirigimos hacia el sur por la Costa Blanca. El paisaje de esta costa se caracteriza por sus viñas, olivares, almendrales, naranjales, y también por sus palmeras y bellas playas.

Después de visitar la Costa Blanca fuimos rumbo hacia el interior y visitamos la región de Andalucía con sus famosas ciudades, Granada, Córdoba y Sevilla. Granada, con su Alhambra, es fascinante. En Córdoba visitamos su célebre mezquita y pudimos apreciar la grandeza de la España árabe. En cuanto a Sevilla, lo que te cuento es poco, porque es una ciudad bellísima. Desde la torre de la Giralda pudimos contemplar el panorama de la ciudad con su río, el Guadalquivir.

Estuvimos en Andalucía por una semana y luego salimos para Extremadura. El paisaje de esta región es muy agreste y se parece a ciertas partes de Nuevo México. Extremadura, también como Nuevo México, es muy interesante porque es la tierra de los conquistadores y hay muchos monumentos históricos.

Después de visitar Extremadura, salimos para el noroeste y llegamos a Galicia, una región lindísima, muy verde y llena de rías. En Galicia fuimos a visitar la ciudad de Santiago de Compostela que, por cierto, estaba llena de peregrinos que iban a visitar su catedral. Hablando de los habitantes de Galicia, ellos no son tan extrovertidos como los andaluces y hablan gallego, una lengua parecida al portugués. Durante nuestro viaje por Galicia nos hospedamos en varios paradores. Me gustan más los paradores que los hoteles porque son muy auténticos y en ellos se puede comer la comida típica de la región.

Cuando acabamos nuestra excursión por Galicia, estábamos muy cansados y decidimos entregar el carro y regresar por tren. Tomamos un coche-cama y al otro día estábamos en Madrid. El tren de la RENFE es comodísimo. Bueno, ya estamos de vuelta en Madrid, y a punto de regresar. España es un país bellísimo, de muchos contrastes y de gente muy agradable. Nuestro viaje nos ha encantado y algún día volveremos.

## ¿Recuerdas…?

1. ¿Qué visitaron los Llorente en Toledo? Explica.
2. ¿Qué vieron ellos en La Mancha y por qué es famosa?
3. ¿Por qué es importante Valencia? Explica.
4. ¿Cómo es el paisaje de la Costa Blanca?
5. ¿Qué visitó la familia en Granada, Córdoba y Sevilla? Explica.
6. ¿Hacia dónde salieron ellos después de visitar Andalucía?
7. ¿Cómo es Galicia y cómo es la gente de esta región?
8. ¿De qué estaba llena Santiago y por qué? Explica.
9. ¿Qué es un parador y por qué le gustan a Elena?
10. ¿En qué regresó la familia a Madrid? ¿Por qué?

# Vocabulario práctico

## Nombres

| | |
|---|---|
| la aceituna | olive |
| el alcázar | fortress |
| el almendral | almond grove |
| el este | east |
| la grandeza | greatness |
| el molino | windmill |
| la montaña | mountain |
| el naranjal | orange grove |
| el noroeste | northwest |
| el norte | north |
| el oeste | west |
| el olivar | olive grove |
| el paisaje | landscape |
| la palmera | palm tree |
| el peregrino | pilgrim |
| la pintura | painting |
| el recorrido | journey; trip |
| el río | river |
| la ruta | route |
| el sur | south |
| la torre | tower |
| la viña | vineyard |

## Verbos

| | |
|---|---|
| apreciar | to appreciate |
| contemplar | to consider |
| cosechar | to harvest |
| dirigirse | to head toward |
| hospedarse | to lodge; to stay at a hotel |
| narrar | to tell |
| partir | to leave, depart |
| quedarse | to stay; to remain |

## Adjetivos

| | |
|---|---|
| agradable | pleasant |
| agreste | rustic; dry |
| agrícola | agricultural |
| andaluz/a | Andalusian |
| antiguo/a | ancient |
| célebre | famous |
| encantador/a | charming |
| gallego/a | Galician |
| impresionante | impressive |
| lleno/a | full |
| montañoso/a | mountainous |
| pintoresco/a | picturesque |
| precioso/a | beautiful |
| valenciano/a | Valencian |

## Modismos y expresiones útiles

| | |
|---|---|
| a punto de regresar | about to return |
| ¡Ay que comida más rica! | What delicious food! |
| en cuanto a | regarding |
| estar de vuelta | to be back |
| Es una lástima. | It's a pity. |
| lo primero que hicimos | the first thing we did |
| Lo que te cuento es poco. | Whatever I tell you is not enough. |
| Paso a contarte… | I'll tell you about… |
| poner rumbo a | to head for |
| por supuesto | of course |
| se pueden ver | one can see |
| ser parecido/a | to resemble |
| tener la suerte | to be lucky |
| tener un rato libre | to have a free moment |

# ¡No me digas!

Como el agua es bastante escasa en algunos lugares de Valencia, existe un sistema de regadío para que los labradores tengan éxito en sus cosechas. Desde el año 960, toda disputa sobre los derechos de agua en el campo valenciano se ha resuelto gracias al **Tribunal de las Aguas**. Cada jueves a las diez de la mañana, los miembros del tribunal tienen una audiencia delante de la Catedral de Valencia. Se presentan casos o quejas pero no en forma escrita sino oralmente en el dialecto valenciano. Toda decisión del tribunal es anunciada en seguida por el Presidente, el cual es el juez mayor, y dicha decisión no puede ser ni apelada ni llevada a un tribunal superior.

La **paella**, el plato nacional de España, tiene su origen en Valencia; así que esta región se conoce por la paella valenciana. La típica paella es un plato hecho con arroz y mariscos.

Aunque no es tan famosa como la Costa del Sol en Andalucía, la **Costa Blanca** es muy bonita y pintoresca. La Costa Blanca es una de las costas favoritas de España, tanto para el español como para el turista extranjero. **Benidorm**, una de las playas más famosas del mundo, está en la Costa Blanca.

En la **Alhambra** figura una serie de palacios moros donde radicaron en unos tiempos los reyes musulmanes de Granada. El nombre viene del árabe *al hambra*, que significa **el castillo rojo**. Parte de la arquitectura del interior del patio de la Mission Inn en Riverside, California, es una réplica casi idéntica de ciertas partes de la Alhambra de Granada.

Se tomó varios siglos para construir la **mezquita** (*mosque*) más importante en toda España: la **Mezquita de Córdoba**. Se inició su construcción durante una época cuando Córdoba todavía era la capital musulmana de España. Hoy día se considera uno de los grandes logros en la arquitectura musulmana.

La **Giralda** en Sevilla es la famosa torre que fue construída por los líderes musulmanes de España. Hoy día se puede subir a pie hasta la cumbre para darle un vistazo a la ciudad y al campo sevillano.

La ciudad de **Sevilla** es famosa por una serie de celebraciones. Por ejemplo, la **Semana Santa** (*Easter*) se conoce por todo el mundo. Durante esta temporada se pueden ver procesiones religiosas bien elaboradas en las cuales las **cofradías** (*religious organizations*) y los **penitentes** (*member of a religious organization*) se ven cargando estatuas e imágenes religiosas en plataformas que se llaman **pasos**.

Otra celebración que tiene lugar en Sevilla es la **Feria de Abril**, un espectáculo inolvidable en el cual la gente lleva trajes tradicionales y se pasea a caballo. Los caballos van adornados con unos trajes pintorescos y brillantes que llaman mucho la atención.

Las **rías** son como los bellos *fjords* que se ven en Noruega y que penetran hacia el interior de la costa de Galicia.

La **RENFE**—la **Red Nacional de Ferrocarriles Españoles**—es uno de los sistemas de ferrocarril más antiguos de toda Europa, y está controlado por el estado, aunque hay algunas compañías ferroviarias particulares (*independent*). Hay tres tipos de trenes en España: el **expreso** (para en ciudades grandes), el **rápido** (para en ciudades no muy grandes) y el **correo** (hace escala en todo sitio). El tren más rápido y lujoso que tiene España hoy día es el **AVE** que va desde Madrid a Córdoba y Sevilla.

# ¡A practicar!

**A. ¿Recuerdas?** A continuación hay quince señales de tráfico y sus equivalentes en español. Escoge la frase que corresponde a cada señal.

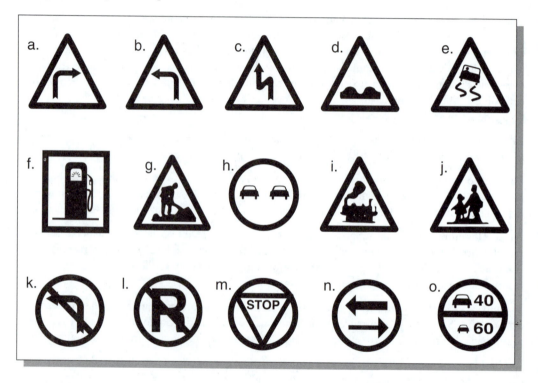

1. ___ Cruce de ferrocarril

2. ___ Prohibido doblar a la izquierda

3. ___ Curva a la derecha

4. ___ Camino resbaloso

5. ___ Curva doble

6. ___ Pase

7. ___ Pare

8. ___ Prohibido aparcar

9. ___ Camino ondulado

10. ___ Estación de servicio

11. ___ Curva a la izquierda

12. ___ Hombres trabajando

13. ___ Una sola vía

14. ___ Límite de velocidad

15. ___ Escuela

**B. Asociaciones.** Empareja las palabras con sus definiciones.

1. ___ lugar donde uno puede hospedarse

2. ___ lugar donde se cosechan uvas

3. ___ lugar donde hay aceitunas

4. ___ lugar donde hay pinturas

5. ___ lugar donde se puede nadar

a. playa

b. olivar

c. viña

d. museo

e. parador

**C. Llena el blanco.** Completa las oraciones con la forma correcta de las siguientes palabras.

| | | | |
|---|---|---|---|
| partir | mezquita | sur | ría |
| visitar | palmera | célebre | montaña |
| río | norte | peregrino | paisaje |

1. Vimos muchas _____ por la Costa Blanca.

2. El Guadalquivir es un _____ del sur de España.

3. Hay muchas _____ en Galicia.

4. Sevilla es _____ por su Giralda.

5. El _____ de Extremadura es muy agreste.

6. Los Pirineos son unas _____ muy altas.

7. Andalucía está en el _____ de España.

8. Había muchos _____ en Santiago de Compostela.

9. Córdoba es famosa por su _____.

10. Mañana nosotros _____ para Granada.

**D. Cuéntaselo a la clase.**

1. ¿Crees que los Llorente hicieron bien en viajar por su cuenta en vez de ir en una excursión? Explica.
2. Según lo que has leído, ¿en cuáles de las regiones de España te gustaría visitar? Explica por qué.
3. Cuando viajas, ¿qué tipo de lugares prefieres visitar?
4. ¿Te gustaría hospedarte en un parador? Explica.
5. ¿Te gustaría viajar por tren? Explica por qué sí o no.

1. ¿Cuál es la capital de España? ¿En dónde está?
2. ¿Cómo se llaman las montañas que separan a España y Francia?
3. ¿Cuál es el país que está al lado de Extremadura?
4. ¿En qué ciudad está la Alhambra?
5. ¿Cómo se llaman las islas españolas que están en el Mediterráneo?
6. ¿Cómo se llama el mar que está al norte de Asturias?
7. ¿Dónde está la Coruña? ¿En qué región?
8. ¿Qué es y dónde está Ibiza? ¿Es parte de España?

🧩 F. Charlemos un poco.

1. **Geografía de España.** Uno de ustedes hará el papel de un/a profesor/a de geografía, traerá a la clase un mapa de España y dará una charla sobre este país. El resto de la clase hará preguntas.

2. **Descripción de una ciudad.** Lee la descripción sobre Granada y luego describe una ciudad que tú conozcas. Tus compañeros formarán un grupo de turistas y te harán preguntas.

# GRANADA

En **Granada**, en la **Andalucía** oriental, contrasta el **Mediterráneo** azul con las blancas cumbres de **Sierra Nevada,** compitiendo en belleza con la **Costa del Sol**, la **Alpujarra**, la **Vega** y con otras localidades del interior: **Alhama, Guadix** o **Baza,** que configuran variadísimos paisajes en sus 12.500 Km$^2$ de extensión. Su clima, seco y aireado, tiene una temperatura media anual de 15°C. Granada brinda la rara posibilidad de disfrutar del mar o de la nieve recorriendo tan sólo algunos kilómetros.

Numerosos yacimientos arqueológicos son testimonio de asentamientos prehistóricos en este territorio que integró el mítico Tartessos, y en elque fenicios, iberos, romanos, visigodos y, sobre todo, árabes dejaron su enriquecedora huella. Granada dependió del Emirato y Califato de Córdoba hasta el Reino Taifa de los Ziríes. A finales del siglo XI, la dinastía Nasríe constituyó el **Reino de Granada**, último reducto musulmán en la Península, hasta que los Reyes Católicos lo conquistaron en 1492.

## *GRANADA CAPITAL*

Granada es una ciudad poética, serena. Tiene una peculiar fisonomía, mitad árabe, mitad cristiana, que ha entusiasmado a poetas, músicos, pintores, intelectuales y viajeros de todo el mundo, entre ellos los románticos del XIX. Si es estratégica su situación: en la vega, donde confluyen los ríos Genil y Darro; rodeada de colinas (la Alhambra, el Albaicín y el Sacromonte), y con Sierra Nevada, al fondo,la belleza del conjunto es incomparable. Esta ciudad, con más de 260.000 habitantes en la actualidad, alcanzó su máximo esplendor en el siglo XIV, tras un período de convivencia de judíos, musulmanes y cristianos. Ello se plasmó en los palacios y jardines de la **Alhambra** y el **Generalife**, que la UNESCO ha declarado **Patrimonio de la Humanidad**. Posteriormente, los Reyes cristianos la engrandecieron con templos, palacios y edificios renacentistas y barrocos, lo que contribuyó a esa simbiosis entre lo islámico y lo hispánico, que la prestigia ante el mundo, simbolizada en la futura Universidad Euroárabe, para cuya sede ha sido elegida. Junto a su vitalidad cultural, alentada tradicionalmente por la Universidad y los Festivales Internacionales de Música, Danza y de Teatro. Granada es miembro de la Federación Europea de Ciudades de Congresos.

# Repasito

## El superlativo

- El superlativo de los adjetivos se forma con una de las formas del artículo (**el**, **la**, **los**, **las**) seguido de **más**, y a continuación el adjetivo en concordancia con el artículo.

    EJEMPLOS:    Pedro es **el más alto** de los tres.
    Sarita es **la más bonita** de las hermanas.
    Mis maletas no son **las más grandes**.
    Estos vestidos son **los más atractivos**.

- Si en el superlativo aparece un sustantivo después del verbo, dicho sustantivo se coloca entre el artículo y el adverbio comparativo **más**.

    EJEMPLOS:    Carlitos es **el estudiante más** aplicado.
    Gloria Estefan es **la cantante latina más** popular.

 Hay que tener en cuenta que en la comparación de adverbios, ya que éstos no modifican al sustantivo, el artículo debe ser siempre el neutro **lo**.

## El superlativo absoluto

El superlativo absoluto se forma añadiendo **-ísimo/a** tanto a un adjetivo como a un adverbio.

    EJEMPLOS:    La tía de Evaristo está **contentísima** porque ganó la lotería.
La **niñera** (babysitter) es **buenísima** con los niños.
El proyecto de los estudiantes no fue pequeño sino **grandísimo**.
El examen que nos dio la profesora Harvey fue **facilísimo**.
El capitán Arciniegas es una persona **amabilísima**.

 Por lo general todo adjetivo o adverbio que termina en **e** u **o** cambia a **i**. Por ejemplo, **contento** → **contentísimo**; **enfadado** → **enfadadísimo**; **grande** → **grandísimo**. Adjetivos que terminan en **-ble** cambian a **-bil**; es decir, **noble** → **nobilísimo**. En adjetivos como **fácil** nada más se añade **-ísimo**, cambiando sólo la posición del accento.

# El infinitivo con preposiciones

En español, se usa el infinitivo después de preposiciones, cuando es equivalente a *-ing* en inglés.

EJEMPLOS:    Además de **ser** inteligente, su novia también es rica.
Después de **casarse**, mi hermano y su esposa se fueron a Gran Caimán de vacaciones.
Luego de **nadar** en la playa en la Costa del Sol, tomaron una cerveza.
Elisa se acostó sin **acabarse** la cena.
Al **abrir** Carlos la puerta del coche se salió el perro.
Antes de **salir** de la casa, se puso el abrigo.

**A. Ejercicios breves.** Cambia cada una de las siguientes palabras al superlativo absoluto.

bueno   _____        feo   _____

general   _____        triste   _____

lleno   _____        precioso   _____

claro   _____        noble   _____

lindo   _____        fácil   _____

**B. Un paso más.** Traduce al español las siguientes oraciones.

1. After visiting the mosque, we went to Sevilla.

  _____

2. On hearing the alarm clock, I got up.

  _____

3. Without having money, I couldn't go to Granada.

  _____

4. Besides being hungry, Carlota was thirsty on the trip to Extremadura.

  _____

5. Luis, before leaving for Galicia, read the brochure.

  _____

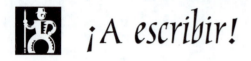 **¡A escribir!**

**Mi viaje inolvidable.** Prepara una composición sobre tu viaje inolvidable. Los pasos te ayudarán en la tarea.

TEMA: Mi viaje inolvidable

▶ **Paso 1. Introducción.** Da una descripción.

> 1. Los preparativos
> 2. La gente con quien fuiste
> 3. El modo de transporte

▶ **Paso 2. Desarrollo.** Da una descripción.

> 1. Descripción del paisaje
> 2. Descripción de la gente que conociste

▶ **Paso 3. Conclusión.** Termina la frase.

> Fue un viaje inolvidable porque…

# Parte II

# En la Universidad Nacional de Costa Rica

Roberto Llorente Zardoya, Gisela Romero de Llorente, y sus hijos, Teresita y Guillermo, terminaron su viaje por España y regresaron a Boca Ratón, Florida. Les deseamos **buena suerte** y **adiós**.

Comenzando con esta lección, tendremos la oportunidad de conocer a varias personas nuevas. A la vez, iremos viendo distintos aspectos de la vida y cultura del mundo hispanohablante. El ambiente universitario en una universidad latinoamericana, una visita a un médico y los deportes, entre ellos el **fútbol** (*soccer*), el deporte más popular del mundo, son apenas unos ejemplos de lo que llegará a conocer el estudiante en **Parte II**.

| | |
|---|---|
| **¡La vida es así!** | Observarás una conversación típica entre estudiantes en una universidad latinoamericana. |
| **Vocabulario práctico** | Estudiarás palabras y expresiones que son necesarias para desenvolverte en un ambiente académico. |
| **¡No me digas!** | Tendrá lugar una discusión sobre algunas diferencias entre la terminología que se emplea en las universidades norteamericanas y las de Latinoamérica. |
| **¡A practicar!** | Conversarás sobre la vida universitaria. |
| **Repasito** | Cómo conjugar el presente del subjuntivo y también se incluirán las situaciones bajo las cuales se usa dicho subjuntivo. |
| **¡A escribir!** | Una solicitud de admisión. |

# ¡La vida es así!

## En la Universidad Nacional de Costa Rica

MAURICIO: Hola, Alberto, ¿cómo estás? ¿Qué tal saliste en el examen de química?

ALBERTO: ¡Pura vida! ¿Y tú?

MAURICIO: Nada. Me colgaron.

ALBERTO: Es increíble que hayas suspendido el examen.

MAURICIO: Es que odio esa asignatura, y para colmo, es obligatoria. Además, yo no paso al Dr. Ángeles. Yo le puse el Dr. Diablos, porque es muy malévolo y no se lleva bien con nosotros.

ALBERTO: Él es exigente y sus conferencias son aburridas.

MAURICIO: Sí, y también hay que tomar muchos apuntes.

ALBERTO: Bueno, pero es que nunca asistes a las clases y cuando vas, no le prestas atención al profesor.

MAURICIO: Sí, también es necesario que estudie más pero yo no soy un ratón de biblioteca y ni me quemo las pestañas como tú.

ALBERTO: Bueno, no discutamos. Mira, por allí viene Norman Salas con una muchacha muy bonita.

*(Norman y la muchacha se detienen a charlar con Alberto y Mauricio).*

NORMAN: Hola, ¿cómo están? Les presento a Jennifer Zimnoch. Ella es una estudiante de intercambio recién llegada. Es norteamericana y se va a matricular en varios cursos intensivos de español.

JENNIFER: Mucho gusto.

ALBERTO y
MAURICIO: Mucho gusto, Jennifer.

JENNIFER: ¿Cómo es la universidad?

ALBERTO: La universidad es grande. Tiene nueve facultades: Filosofía y Letras, Derecho, Pedagogía, Veterinaria, Medicina, Ingeniería, Farmacia, Ciencias Comerciales, y Odontología.

JENNIFER: ¿Cómo son los profesores?

MAURICIO: Todos son muy competentes menos el Dr. Diablos.

ALBERTO: No le hagas caso.

JENNIFER: ¿Cómo es el sistema de calificaciones?

NORMAN: Las calificaciones son por número y van desde suspenso hasta sobresaliente.

JENNIFER: Y, ¿cuál es la carrera más popular?

ALBERTO: Derecho o medicina.

JENNIFER: ¿Y hay muchas actividades sociales?

MAURICIO: Aquí las actividades sociales son pura vida y la gente la pasa bien. ¿Quieres ir con nosotros al baile esta noche?

NORMAN: Bueno, ya nos vamos. Es preciso que Jennifer conozca a su consejero. Después tenemos que ir a la biblioteca y a la librería. A propósito, ella va al baile conmigo.

*(Diciéndole a Alberto.)*

MAURICIO: ¡Qué dichoso es Norman!

## ¿Recuerdas…?

1. ¿Qué le pasó a Mauricio en el examen de química?
2. ¿Cómo le puso Mauricio al doctor Ángeles? ¿Por qué?
3. ¿Qué dice Alberto acerca del doctor Ángeles?
4. Según Alberto, ¿cuáles son algunos defectos que tiene Mauricio como estudiante?
5. ¿Quién es la muchacha que viene con Norman y de dónde es ella?
6. ¿Qué va a hacer ella en la universidad? Explica.
7. ¿Cuántas facultades tiene la universidad y cuáles son?
8. Según Antonio, ¿cómo son los profesores de la universidad?
9. ¿Cómo son las actividades sociales en la universidad?
10. ¿Por qué se van Norman y Jennifer? Explica en detalle.

# Vocabulario práctico

## Algunas materias

| | |
|---|---|
| la contabilidad | accounting |
| la economía | economics |
| la gerencia | management |
| la informática | computer science |
| las lenguas extranjeras | foreign languages |
| el mercadeo | marketing |
| la pedagogía | pedagogy, education |
| la química | chemistry |

## Nombres

| | |
|---|---|
| los apuntes | notes |
| la asignatura, la materia | subject |
| la beca | scholarship |
| el/la becario/a | scholarship recipient |
| la calificación | grade |
| la carrera | career |
| la conferencia | lecture |
| el conocimiento | knowledge |
| el consejero | advisor |
| la especialidad | major |
| el/la estudiante de intercambio | exchange student |
| el examen final | final examination |
| el examen parcial | mid-term examination |
| el expediente académico | academic transcript |
| el líder estudiantil | student leader |
| el recinto | campus |
| el rector | university president |
| el requisito | requirement |
| la residencia estudiantil | dormitory |
| el seminario | seminar |
| la solicitud de admisión | admissions application |
| la temática | subject area |
| la unidad | credit (hour) |

## Verbos

| | |
|---|---|
| aprobar | to pass |
| asistir (a) | to attend (to) |
| atender (a) | to listen (to) |
| cursar | to take (courses) |
| desarrollar | to develop |
| dictar | to lecture |
| discutir | to argue, to exchange views |
| elegir | to choose |
| graduarse, recibirse | to graduate |
| llenar | to fill out (form) |
| matricularse | to enroll |
| suspender | to fail, flunk |

## Adjetivos

| | |
|---|---|
| aburrido/a | boring |
| aplicado/a | conscientious |
| asiduo/a | frequent |
| diurno/a | daytime |
| exigente | demanding |
| malévolo/a | mean, spiteful |
| nocturno/a | nocturnal |
| obligatorio/a | required |
| pendiente | pending |

## Modismos y expresiones útiles

| | |
|---|---|
| hacer caso | to pay attention |
| llevarse bien con | to get along with (people) |
| Me colgaron. | They flunked me. |
| No paso a… | I can't stand… |
| para colmo | to add insult to injury |
| prestar atención | to pay attention |
| pura vida | great, fantastic |
| quemarse las pestañas | to burn the midnight oil |
| ¿Qué tal saliste? | How did you do? |
| recién llegado | recently arrived |
| ser ratón de biblioteca | to be a bookworm |
| solicitar plaza | to ask for admission |

# ¡No me digas!

Los estudiantes que se gradúan de lo que llamamos en los Estados Unidos *high school*, o sea, del **instituto** si es público, o **colegio** si es privado, reciben el título de **bachiller** en países hispanohablantes. Es en el instituto o colegio donde los estudiantes toman las materias equivalentes al *General Education (Core Curriculum)* de nuestras universidades; así que el programa universitario está mucho más estructurado que en los Estados Unidos. Todo estudiante toma muy pocas clases electivas en la universidad, de manera que se concentra mucho más en su **especialidad** (*major*).

Aunque la palabra **curso** significa una **clase**, también se refiere al **año escolar**, **turno** o **semestre**.

La palabra **facultad** no significa la facultad en sí, sino que se refiere a una escuela en particular dentro de la universidad misma. A veces se refiere al mismo edificio. La palabra que se usa para un grupo de profesores es el **profesorado** o **claustro**.

En los países hispanohablantes la mayor parte de las clases consiste en **conferencias** (*lectures*). El sistema de calificar al estudiante suele ser el siguiente:

| NOTA | CALIFICACIÓN | EQUIVALENTE EN EE.UU. |
|------|--------------|----------------------|
| 9-10 | Sobresaliente | A |
| 7-8 | Notable | B |
| 5-6 | Aprobado | C |
| 0-4 | Suspenso | F |

## Algunas facultades

| | |
|---|---|
| **La Facultad de Ciencias Comerciales** | *College of Business Administration* |
| **La Facultad de Derecho** | *College of Law* |
| **La Facultad de Farmacia** | *College of Pharmacy* |
| **La Facultad de Ingeniería** | *College of Engineering* |
| **La Facultad de Medicina** | *College of Medicine* |
| **La Facultad de Odontología** | *College of Dentistry* |
| **La Facultad de Pedagogía** | *College of Education* |
| **La Facultad de Veterinaria** | *College of Veterinary Medicine* |

# ¡A practicar!

**A. Llena el blanco.** Completa las oraciones con la forma apropiada de las siguientes palabras.

| | | | | |
|---|---|---|---|---|
| pensión | matricularse | aprobar | requisito | seminario |
| exigente | aplicado | conocimiento | plaza | obligatorio |
| contabilidad | unidad | carrera | recinto | biblioteca |

1. Norman estudia _____ en La Facultad de Ciencias Comerciales.
2. Julia es muy _____; por eso es becaria.
3. Esa materia es una materia de tres _____.
4. Jennifer va a _____ en un curso intensivo de español.
5. La doctora Moore es _____, pero es muy competente.
6. El profesor Crepeau tiene grandes _____ del francés.
7. Para _____ esa materia, tenemos que asistir a clase.
8. La _____ de medicina es muy interesante.
9. Discutimos varias teorías en nuestro _____.
10. El _____ no está lejos de mi casa.

**B. Distinciones.** Explica oralmente las diferencias entre:

1. una librería y una biblioteca
2. el profesor y la facultad
3. apuntes y notas
4. un rector y un consejero
5. un instituto y un colegio
6. asistir y atender

**C. Un paso más.** Escribe una oración con cada una de las siguientes expresiones.

1. para colmo

_____

2. quemarse las pestañas

_____

3. llevarse bien

_____

4. hacer caso

_____

5. no paso a

_____

**D. ¿Qué dirías tu?** Mira el anuncio, luego llena la información y después contesta las siguientes preguntas.

**ICPR** JUNIOR COLLEGE

*Celebrando su 50 Aniversario*

*Dale sentido a tu vida*

...estudiando en ICPR

ACREDITADO POR
Comisión Acreditadora de
Middle States Association of Colleges & Schools
Consejo de Educación Superior de Puerto Rico

### Te ofrecemos Grados Asociados en:

**Administración de Empresas**

- Contabilidad
- Gerencia y Mercadeo
- Sistemas de Información Computadorizados
- Líneas Aéreas, Turismo y Agencias de Viajes
- Administración de Hoteles

**Ciencias Secretariales**
(Ahora con "Speedwriting")

- Oficinista Administrativo
- Secretarial Ejecutivo
- Secretarial Bilingüe

### Horarios Diurnos y Nocturnos

**Recinto De Hato Rey**
Ave. Muñoz Rivera 558
Apartado 190304
Hato Rey, PR 00919
San Juan, P.R. 00919-0304

**758-6000**

**Recinto De Mayagüez**
Calle McKinley 80 Oeste
Apartado 1108
Mayagüez, PR 00681-1108

**832-6000**

**Recinto De Arecibo**
Carr. #2, km. 80.4, Bo. San Daniel
Apartado 140067
Arecibo, PR 00614-0067

**878-6000**

**Asistencia Económica, Si Cualifica**

Nombre: _____  Tel.: _____
Dirección: _____
Recinto que interesa: _____  Comenzando en: _____
Curso Interesado: _____  Diurno ( )  Nocturno ( )

## ¡Nosotros te haremos triunfar!

1. ¿Cómo se llama la institución y dónde está?
2. ¿Qué tipo de institución es? Explica brevemente.
3. ¿Qué materias ofrecen en Administración de Empresas?
4. ¿En qué meses comienzan y se terminan los cursos?
5. ¿Qué tipos de asistencia económica ofrece la institución?
6. ¿Cuándo son los cursos? Explica en detalle.
7. ¿Cuántos recintos tiene la institución?
8. ¿Cuál es la dirección del recinto de Hato Rey?

**E. No paso a....** Completa el diálogo entre el doctor Ángeles y Mauricio Vergara con la forma apropiada de las siguientes palabras.

| | | | |
|---|---|---|---|
| aburrido | hacerle caso | quemarse las pestañas | suspender |
| asistir | obligatoria | prestar atención | música |
| especialidad | aplicado | conferencia | malévolo |

MAURICIO: Profesor, ¿por qué usted me _____ en el examen?

DOCTOR ÁNGELES: Es que usted nunca _____ a clase y nunca

_____.

MAURICIO: Es que mi _____ es la _____ y no me gusta la

química porque es _____.

DOCTOR ÁNGELES: Es que usted no es un estudiante _____.

ANTONIO: No profesor, es que sus _____ son muy _____,

y usted es muy _____.

DOCTOR ÁNGELES: Mire, yo no voy a _____. Estudie más o _____

antes del examen final.

**F. Cuéntaselo a la clase.**

1. ¿Crees que es importante estudiar una lengua extranjera? Opina.
2. ¿Cuántas asignaturas tienes este semestre? ¿Cuál es tu favorita y cuál odias más? Explica.
3. ¿Te consideras un ratón de biblioteca? ¿Por qué sí o por qué no?
4. ¿En qué ocasiones te quemas las pestañas? Di por qué.
5. ¿Opinas que es necesario asistir a clase para sacar buenas calificaciones? Explica.
6. ¿Cuáles son las ventajas o desventajas de vivir en una residencia estudiantil?
7. De acuerdo con lo que has leído, ¿te gusta más el sistema universitario del mundo hispánico o el sistema norteamericano?
8. ¿Quién es tu profesor/a favorito/a? ¿Por qué?
9. ¿Te consideras una persona que se lleva bien con la gente? Explica.
10. ¿Te gustaría ser profesor/a en la universidad? ¿Por qué sí o por qué no?

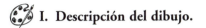 **I. Descripción del dibujo.**

1. Describe a los estudiantes que están hablando.
2. Describe al profesor que aparece en el dibujo.
3. ¿Qué está haciendo el profesor? Defiende tu respuesta.
4. ¿Cuál crees que es la asignatura que estudian los alumnos?
5. ¿Crees que el profesor se lleva bien con ellos? Explica.

 **J. Charlemos un poco.**

1. **Una consulta.** Reúnete con un/a compañero/a. Uno/a de ustedes hará el papel de un/a estudiante recién llegado/a que necesita información sobre sus estudios. El/la otro/a hará el papel de consejero/a que le proporcionará la información. El/la consejero/a debe usar gran parte del vocabulario y las expresiones que aparecen en la lista.

2. **Una revuelta estudiantil.** Formen un grupo de cuatro. Tres de ustedes serán líderes estudiantiles que van a ver al/la rector/a y otro/a será el/la rector/a. Uno de los líderes quiere mejor comida para los estudiantes en la cafetería; otro desea más cursos electivos; y otro quiere un sistema de evaluación para los profesores. El/la rector/a tratará de hablar con ellos.

3. **Un seminario.** Formen un grupo de cuatro para crear un seminario. Uno/a de ustedes hará el papel del/de la profesor/a y dictará una pequeña conferencia. Los otros serán estudiantes y le harán preguntas al/a la profesor/a.

4. **Una charla.** Dos de ustedes harán el papel de representantes de la universidad que van a una escuela secundaria a hablarles a los estudiantes acerca de su institución. Uno/a puede dar una descripción histórica o física de la universidad mientras que el/la otro/a puede dar una descripción académica y social. Los estudiantes les harán preguntas.

# Repasito

## El presente del subjuntivo: terminaciones y usos

- **Terminaciones**

| HABLAR | COMER | VIVIR |
|--------|-------|-------|
| hable | coma | viva |
| hables | comas | vivas |
| hable | coma | viva |
| hablemos | comamos | vivamos |
| habléis | comáis | viváis |
| hablen | coman | vivan |

Cuando la primera persona **yo** del presente del indicativo es irregular, el subjuntivo se forma basándose en esta irregularidad (**tengo** → **tenga**, **quiero** → **quiera**, etc.). Hay otros verbos como **ser**, **estar** e **ir** que son totalmente irregulares, los cuales no incluimos en este breve repaso.

- **Usos.** El presente del subjuntivo se usa en cláusulas subordinadas cuando la cláusula principal contiene un verbo que expresa emoción, voluntad, duda o negación, o una expresión impersonal. Tiene que haber cambio de sujeto de una cláusula a otra para usar el subjuntivo.

EJEMPLOS:
**Siento** mucho **que** tú no **puedas** ir a la fiesta hoy.
Yo les **pido** a los estudiantes **que estudien** más.
La secretaria **duda que** su esposo **acabe** el trabajo.
**Es importante que** toda la familia **esté** presente.

Algunos verbos que expresan emoción, voluntad, duda o negación y que, por lo general, requieren el subjuntivo en la cláusula subordinada son: **querer**, **pedir**, **esperar**, **dudar**, **temer**, **negar**, **aconsejar**, y **desear**.

**A. Ejercicios breves.** Escribe oraciones con los siguientes grupos de palabras usando el presente del subjuntivo. Haz cambios cuando sean necesarios.

1. Querer/el profesor/que/a tiempo/venir/yo

   _____

2. Ser/necesario/estudiar/que/ellos/más

   _____

3. Dudar/saber/que/ellas/verdad/de todos modos/él

   _____

4. Pedirle/un favor/que/me/hacer/a él

   _____

5. Yo/mucho/que/sentir/venir/no/Uds./con nosotros

   _____

**B. Un paso más.** Escribe cinco oraciones en inglés que requieran el subjuntivo; después tradúcelas oralmente en la clase.

1. _____
2. _____
3. _____
4. _____
5. _____

 ¡A escribir!

**Una solicitud de admisión.** Llena la solicitud de admisión y luego escribe un pequeño ensayo con la información que has detallado en la solicitud.

## CUESTIONARIO

1. Nombre del padre _____ Profesión _____

   Nombre de la madre _____ Profesión _____

   Representante de los padres en Madrid:

   D. _____

   Profesión _____ domicilio _____ teléfono _____

2. Asignaturas pendientes de cursos anteriores _____

   _____

   ¿Se examinará de alguna en septiembre? _____

   _____

3. Centro donde cursó sus estudios de Bachiller _____

   Fecha en que concluyó los estudios de COU _____

   ¿Estuvo interno o externo? _____

4. ¿Ha cursado otros estudios? ¿Cuáles? ¿Concluyó o los abandonó?

   _____

5. ¿Ha vivido en algún otro Colegio Mayor o Residencia universitaria? ___

   Nombre y lugar _____

6. ¿Por qué ha solicitado plaza en este Colegio Mayor? _____

   _____

   ¿Cómo lo ha conocido? _____

   ¿Es becario de alguna institución pública o privada? En caso

   afirmativo, indique de cuál _____

7. ¿Qué idiomas habla? _____

   ¿Qué idiomas traduce? _____

8. ¿Qué deportes practica? _____

   ¿En qué equipos? _____

**9.** ¿Por qué eligió su carrera? _____

_____

_____

_____

**10.** ¿Conoce a algunos de los actuales o antiguos colegiales de este

Mayor? _____

_____

**11.** ¿Lees el periódico con asiduidad? Indica qué Diarios y secciones

de los mismos son tus preferidos. Indica el nombre de alguna

revista que leas con mayor frecuencia _____

Menciona varias películas que hayas visto últimamente _____

**12.** Señala otros conocimientos especiales o actividades que hayas

desarrollado _____

_____

Menciona algún instrumento musical que sepas tocar _____

_____

Menciona varios libros que hayas leído últimamente _____

_____

**13.** Otros títulos y diplomas que poseas _____

_____

_____

**14.** ¿Qué temáticas te gustaría que se impartieran a través de

seminarios y conferencias en el Colegio? _____

_____

_____

# Buscando empleo

| | |
|---|---|
| **¡La vida es así!** | Guadalupe Ayala Cortines, una estudiante que acaba de graduarse de la universidad, busca trabajo. Ella tiene una entrevista con la Señora Gómez, la jefa de personal en una editorial. |
| **Vocabulario práctico** | Aprenderás palabras y expresiones que te serán útiles no sólo en el campo de los negocios, sino también en la búsqueda de empleo. |
| **¡No me digas!** | Se explica cualquier abreviatura que es común en los negocios. |
| **¡A practicar!** | Te prepararás para poder entrevistarte en español cuando busques empleo. |
| **Repasito** | El uso del subjuntivo en cláusulas relativas cuando el antecedente es negativo o indefinido, es decir, cuando el antecedente es desconocido o no es concreto. También harás un repaso breve del subjuntivo empleando las expresiones **Ojalá (que)**, **tal vez**, y **quizás**. |
| **¡A escribir!** | Una carta: Un puesto en… |

# ¡La vida es así!

## Buscando empleo

Guadalupe Ayala Cortines es una señorita mexicana que se recibió de licenciada en relaciones públicas de la Universidad Nacional Autónoma de México (UNAM) y está leyendo los clasificados. Uno de los anuncios le llama la atención.

---

**EMPRESA EDITORIAL**

**LÍDER SOLICITA:**

**SEÑORITAS**

**PARA PUESTO DE EJECUTIVAS DE PUBLICIDAD**

**REQUISITOS:** Edad de 25 a 35 años, estudios superiores si es posible, no indispensable en Publicidad. Disponibilidad inmediata, buena presentación, automóvil indispensable, horario de tiempo completo. Se ofrece: Integrarse al grupo editorial más importante de México, sueldo base, prestaciones y comisiones. Concertar cita con la Sra. García al: 621-35-52 o al 629-65-92 al 60 Exts. 269, 374 y 235.

---

### ¿Recuerdas...?

1. ¿Qué solicita la Empresa Editorial?
2. ¿Cuál es la edad requerida para el puesto?
3. ¿Es indispensable tener una carrera para ese puesto?
4. ¿Qué es indispensable para el puesto? Explica.
5. ¿Cuáles son otros requisitos para el puesto?
6. ¿Con quién hay que concertar la cita?
7. ¿Cuáles son sus teléfonos? Da detalles.
8. ¿Qué crees que hará Guadalupe? Explica por qué.

## La entrevista

Después de concertar una entrevista con la señora Gómez, Guadalupe llega al despacho de ella.

SRA. GÓMEZ: Pase, señorita Ayala y tome asiento, por favor.

GUADALUPE: Muchas gracias.

SRA. GÓMEZ: Dígame, ¿por qué quiere integrarse a nuestra empresa?

GUADALUPE: Porque es una de las empresas más importantes del país.

SRA. GÓMEZ: He examinado detalladamente su curriculum y estoy muy impresionada con sus referencias. Todas dicen que usted es una persona entusiasta, responsable, cooperativa y trabajadora.

GUADALUPE: Me es muy grato saber eso.

SRA. GÓMEZ: Eso es. Nosotros buscamos a una persona que sea trabajadora y que sepa relacionarse con el público y promover nuestra editorial. Dígame, ¿qué experiencia práctica tiene?

GUADALUPE: Después de recibirme de la universidad, trabajé por tres años como jefa de relaciones públicas en una compañía de bienes raíces. Dejé el puesto porque fui a los Estados Unidos para mejorar mi inglés.

SRA. GÓMEZ: Muy bien, ¿tiene alguna pregunta sobre el puesto o sobre la compañía?

GUADALUPE: Sí. Me interesa saber cuál es el sueldo base y cuáles son los beneficios que ofrece la empresa.

SRA. GÓMEZ: El sueldo base es de catorce mil pesos mensuales y los beneficios son los siguientes: seguro médico, seguro de vida, dos semanas de vacaciones y bonificación anual.

GUADALUPE: ¿Cuándo me van a notificar?

SRA. GÓMEZ: Vamos a decidir dentro de diez días y le notificaremos por correo. ¿Algo más?

GUADALUPE: No. Gracias por la entrevista.

SRA. GÓMEZ: Gracias por su interés.

## ¿Recuerdas...?

1. ¿Por qué quiere Guadalupe trabajar para la empresa de la señora Gómez?
2. ¿Qué dicen las referencias acerca de Guadalupe?
3. ¿Qué busca la señora Gómez? Explica brevemente.
4. ¿Qué experiencia práctica tiene Guadalupe?
5. ¿Por qué dejó el puesto ella? Explica.
6. ¿Cuál es el sueldo base y cuáles son los beneficios de la empresa?
7. ¿Cuándo van a notificar la selección?
8. ¿Cómo lo van a hacer? Explica el proceso.

*(Después de diez días, Guadalupe recibe una carta.)*

Editorial Líder
Apartado Postal 6906
México, D.F. 08104

Lcda. Guadalupe Ayala Cortines
Aurora 35
Colonia Industrial
México, D.F. 75374

Estimada Lcda. Ayala:

¡Felicitaciones! Nos es grato informarle que usted ha sido seleccionada para ocupar el cargo de asistenta de relaciones públicas en nuestra empresa. Estamos convencidos que usted es la mejor aspirante para dicho puesto y estamos muy contentos en haberla seleccionado. Favor de pasar por nuestra oficina de personal lo antes posible.

Atentamente,

*Reina Gómez Sandoval*

Reina Gómez Sandoval, Gerente

## La carta comercial...

| Saludos | |
| --- | --- |
| Estimado/a Señor/a | Greetings |
| Muy señores míos | Dear Sir/Madam |
| Muy señora nuestra | Dear Sirs |
| | Dear Madam |

| Despedidas | |
| --- | --- |
| Muy agradecido por su atención | Closings |
| | Very grateful for your attention |
| Atentamente | Sincerely |
| Suyo afectísimo | Cordially yours |
| Cordialmente | Very truly yours |

# Vocabulario práctico

## Algunas profesiones

| | |
|---|---|
| el/la abogado/a | lawyer |
| el/la analista | program |
| programador/a | analyst |
| el/la arquitecto/a | architect |
| el/la contador/a | accountant |
| el/la ingeniero/a | engineer |
| el/la locutor/a | broadcaster |
| el/la periodista | journalist |
| el/la veterinario/a | veterinary |

## Algunos cargos

| | |
|---|---|
| el/la agente de ventas | sales manager |
| el/la asistente/a de | Public Relations |
| relaciones públicas | Assistant |

## Los oficios

| | |
|---|---|
| el/la albañil | mason |
| el/la bombero/a | firefighter |
| el/la carpintero/a | carpenter |
| el/la cartero/a | mailman/woman |
| el/la cocinero/a | cook |
| el/la electricista | electrician |
| el/la mecánico/a | mechanic |
| el/la plomero/a | plumber |
| el/la secretario/a | secretary |
| el/la vendedor/a | salesperson |
| el/la vendedor/a viajante | traveling salesperson |

## Otros nombres

| | |
|---|---|
| la agencia de empleos | employment agency |
| el/la aspirante | applicant |
| el aumento | salary increase |
| los beneficios | fringe benefits |
| los bienes raíces | real estate |
| la bonificación anual | annual bonus |
| el cargo | position |
| la compañía | company |
| el curriculum | résumé |
| los derechos | rights |
| el/la director/a | director |
| la disponibilidad | availability |
| la editorial | publishing house |
| el empleo | employment |
| la empresa | firm |
| la entrevista | interview |

| | |
|---|---|
| el/la jefe/a | boss |
| el horario | schedule |
| el/la obrero/a | worker |
| la oficina de personal | personnel office |
| el personal | personnel |
| el puesto | job |
| las referencias | references |
| el seguro médico | health insurance |
| el seguro de vida | life insurance |
| el sindicato | union |
| la solicitud de empleo | job application |
| el sueldo base | base salary |
| el/la trabajador/a | worker |

## Verbos

| | |
|---|---|
| ascender | to promote |
| buscar | to look for |
| colocar | to hire |
| concertar | to arrange |
| contratar | to hire |
| dejar | to quit (job) |
| despedir | to dismiss |
| enterarse | to find out |
| mejorar | to improve |
| notificar | to notify |
| ofrecer | to offer |
| promover | to promote |
| relacionarse | to relate |
| renunciar | to resign |
| solicitar | to look for |

## Adjetivos

| | |
|---|---|
| capaz | capable |
| entusiasta | enthusiastic |
| honrado/a | honest |
| justo/a | fair |
| mensual | monthly |
| responsable | responsible |
| trabajador/a | hard worker |

## Modismos y expresiones útiles

| | |
|---|---|
| dentro de | within |
| ¡Enhorabuena! | Congratulations! |
| ¡Felicitaciones! | Congratulations! |
| Me es grato. | I'm very pleased. |
| Me interesa. | I'm interested. |

# ¡No me digas!

La abreviatura **S.A.** se usa en lugar de **Sociedad Anónima.** Una sociedad anónima vende **acciones** (*shares*) al público. Su equivalente en los Estados Unidos es *Inc.*, mientras que en Inglaterra se usa *Ltd.* (*Limited*). Las letras S.A. a veces se incorporan al título o nombre de una compañía; por ejemplo, la cadena de supermercados en México, **SuperMercados, S.A.**, se conoce por **Su Mesa** (*your table*).

La costumbre de utilizar abreviaturas es muy común en los países hispanohablantes. Dichas abreviaturas se pueden encontrar según la **Real Academia Española**, en bibliografías, enciclopedias, catálogos y otras muchas publicaciones.

Por lo general, una abreviatura en español puede consistir en la primera letra en **mayúscula** (*upper case*) del nombre propio u organización. Por ejemplo, los Estados Unidos puede escribirse **E.U. (E.U.A.)** o **EE.UU. (EE.UU.AA.).** El doblar las **letras** (*letters*) quiere decir que el mismo nombre es plural.

Si una o varias palabras no son nombres propios, entonces suelen escribirse con letra **minúscula** (*lower case*). Un ejemplo es, **pág.** por **página**. En otros casos, según ciertas costumbres, se abrevian las palabras con letras mayúsculas. Por ejemplo, **Sr./Sra./Srta.** por **señor/señora/señorita** o **Ud./Uds.** por **usted/ustedes**.

**Don** y **Doña** son títulos de respeto que se usan con los **nombres de pila** (*Christian or first names*). Don proviene del latín *dominus* (*maestro*), y doña de *domina* (*maestra*). Se dice, por ejemplo, Buenos días, **don Teodoro** y **doña Emilia,** ¿cómo están ustedes? Don y doña también pueden escribirse **D.** y **Dña.** Por ejemplo, **D. Antonio** y **Dña. Lucinda** vienen a visitarnos hoy por la tarde.

Algunas abreviaturas especiales que existen en el mundo hispano se llaman **siglas**. Éstas son letras mayúsculas que se asocian con partidos políticos, organizaciones, compañías, frases, etc., tanto dentro como fuera de España. Unos ejemplos serían la **IVA, Impuesto sobre el Valor Añadido** (*Value-Added Tax*); **ETA, Euzkadi Ta Azcatazuna,** el grupo político vasco del norte de España; el **PRI, Partido Revolucionario Institucional de México;** o **SIDA, Síndrome de la Inmunodeficiencia Adquirida,** que es *AIDS*.

# ¡A practicar!

**A. Asociaciones.** Empareja las palabras que mejor se asocien.

1. ___ ¡enhorabuena!
2. ___ empresa
3. ___ cargo
4. ___ dejar
5. ___ colocar
6. ___ solicitar
7. ___ obrero

a. puesto
b. renunciar
c. firma
d. contratar
e. buscar
f. ¡felicitaciones!
g. trabajador

**B. Llena el blanco.** Completa las oraciones con la forma apropiada de las siguientes palabras.

| | | | |
|---|---|---|---|
| referencia | director | aumento | enterarse |
| promover | sindicato | bonificación anual | despedir |
| compañía | colocar | agencia de empleo | capaz |

1. Ramiro recibió un _____ porque es muy _____.

2. La doctora Mowry es una de mis _____ en mi curriculum.

3. El _____ desea más derechos para los obreros.

4. Voy a firmar un contrato con esa _____.

5. Yo _____ a Guadalupe en ese puesto ayer.

6. El gerente me dijo que es importante que yo _____ nuestros

   productos.

7. No consigue empleo. Por eso va a ir a una _____.

8. La _____ es uno de los beneficios de esa compañía.

9. Scott, ¿cómo _____ de ese puesto anoche?

10. Antonio no es responsable, y el _____ lo va a _____

    del puesto.

**C. Asociaciones.** Empareja las palabras que mejor se asocien.

| | | |
|---|---|---|
| 1. ___ cocinero | a. baño |
| 2. ___ plomero | b. catedral |
| 3. ___ veterinario | c. mesa |
| 4. ___ arquitecta | d. entrevista |
| 5. ___ contadora | e. paella |
| 6. ___ secretaria | f. números |
| 7. ___ carpintero | g. carta |
| 8. ___ electricista | h. perro |
| 9. ___ periodista | i. luz |

**D. Usa tu imaginación.** Imagínate que eres el/la profesor/a y escríbele una carta de recomendación a uno de tus compañeros/as que está solicitando un puesto. El puesto puede ser para cualquier carrera.

**E. Consejos.** Dale cinco recomendaciones a un aspirante, tomando en cuenta su personalidad, educación, experiencia y sentido de humor.

1. _____

2. _____

3. _____

4. _____

5. _____

**F. Cuéntaselo a la clase.**

1. ¿En qué tipo de empresa te gustaría trabajar y por qué?
2. ¿Crees que para buscar un puesto es importante tener buenas referencias? Explica.
3. ¿Cuáles son algunas ventajas que tiene un empleado bilingüe?
4. ¿Qué harías tú para conseguir un puesto? Menciona por lo menos tres cosas.
5. Para ti, ¿qué es más importante para conseguir empleo, una carrera universitaria o la experiencia práctica? Explica.
6. ¿Qué harías para conseguir un aumento de sueldo?
7. ¿Cuál es la carrera que quieres y por qué?
8. ¿Te gustaría ser director/a de una empresa? ¿Por qué sí o por qué no?

**F. Descripción del dibujo.**

1. ¿Cómo se llama la empresa?
2. ¿Cómo se llama la gerente?
3. ¿Qué está haciendo ella?
4. ¿Qué hay sobre el escritorio?
5. ¿Qué ves en la pared? Explica.
6. ¿Qué crees que le está diciendo la gerente a la joven?

**G. Charlemos un poco.**

1. **Referencias.** Júntate con un/a compañero/a. Uno de ustedes hará el papel del/de la gerente de una compañía que necesita referencias por teléfono sobre un aspirante. El/la otro/a será el/la antiguo/a jefe/a del aspirante e indicará por qué será o no será buen empleado.

2. **Clasificados.** Reúnete con un/a compañero/a y miren los siguientes anuncios. Imagínense que son los directores de una nueva empresa y necesitan empleados. Discutan entre ustedes las necesidades y luego preparen uno o dos clasificados.

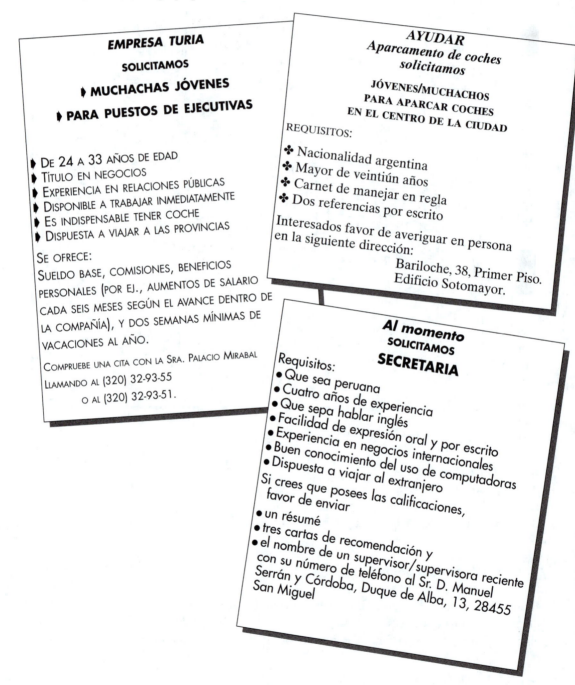

**EMPRESA TURIA**

SOLICITAMOS

▶ **MUCHACHAS JÓVENES**

▶ **PARA PUESTOS DE EJECUTIVAS**

▶ DE 24 A 33 AÑOS DE EDAD
▶ TÍTULO EN NEGOCIOS
▶ EXPERIENCIA EN RELACIONES PÚBLICAS
▶ DISPONIBLE A TRABAJAR INMEDIATAMENTE
▶ ES INDISPENSABLE TENER COCHE
▶ DISPUESTA A VIAJAR A LAS PROVINCIAS

SE OFRECE:
SUELDO BASE, COMISIONES, BENEFICIOS PERSONALES (POR EJ., AUMENTOS DE SALARIO CADA SEIS MESES SEGÚN EL AVANCE DENTRO DE LA COMPAÑÍA), Y DOS SEMANAS MÍNIMAS DE VACACIONES AL AÑO.

COMPRUEBE UNA CITA CON LA SRA. PALACIO MIRABAL
LLAMANDO AL (320) 32-93-55
O AL (320) 32-93-51.

**AYUDAR**
*Aparcamento de coches solicitamos*

JÓVENES/MUCHACHOS
PARA APARCAR COCHES
EN EL CENTRO DE LA CIUDAD

REQUISITOS:

✤ Nacionalidad argentina
✤ Mayor de veintiún años
✤ Carnet de manejar en regla
✤ Dos referencias por escrito

Interesados favor de averiguar en persona en la siguiente dirección:

Bariloche, 38, Primer Piso.
Edificio Sotomayor.

*Al momento*
SOLICITAMOS
**SECRETARIA**

Requisitos:
● Que sea peruana
● Cuatro años de experiencia
● Que sepa hablar inglés
● Facilidad de expresión oral y por escrito
● Experiencia en negocios internacionales
● Buen conocimiento del uso de computadoras
● Dispuesta a viajar al extranjero
Si crees que posees las calificaciones, favor de enviar

● un résumé
● tres cartas de recomendación y
● el nombre de un supervisor/supervisora reciente con su número de teléfono al Sr. D. Manuel Serrán y Córdoba, Duque de Alba, 13, 28455 San Miguel

3. **Una entrevista.** Formen un grupo de cuatro y lean el siguiente anuncio. Uno de ustedes hará el papel del/de la gerente de la compañía. Tres de ustedes serán los aspirantes. El /la gerente entrevistará a cada uno por separado y después le notificará su selección a la clase.

# Compañía Internacional

Solicita

# Contador

Requisitos:
+ Experiencia de 3 años en manejo diario de contabilidad
+ Conocimientos de inglés que le permitan leer y comprender manuales e instructivos
+ Disposición a organizar e implementar procedimientos y normas
+ Personalidad Proactiva

Se ofrece:
+ Ambiente de trabajo profesional y motivante
+ Excelente nivel de remuneración
+ Posibilidad de desarrollo personal y profesional

Interesados favor enviar Curriculum Vitae con foto reciente y aspiración salarial a:
Apartado Postal 70186 Los Ruices, Caracas 1071 A

4. **Demandas del sindicato.** Con un/a compañero/a preparen un diálogo entre el/la director/a de una empresa y el/la jefe/a del sindicato. El jefe del sindicato quiere más derechos y aumento de sueldo para los obreros.

5. **Los dolores de cabeza de un jefe.** Formen un grupo de tres. Uno/a de ustedes es el/la jefe/a de personal de una compañía, y los otros dos son empleados. El jefe tiene que despedir a uno de los empleados; el otro quiere recibir un aumento.

# Repasito

## Usos del subjuntivo en cláusulas relativas

- El subjuntivo se usa cuando el antecedente es negativo.

  EJEMPLOS:   No hay **nadie** que **quiera** prestarme un dólar.
  Carlota e Irene no conocen a **ningún** chico que **pueda** acompañarlas a la biblioteca.

- Se usa también cuando el antecedente es indefinido.

  EJEMPLOS:   ¿Hay **alguien** aquí que **sepa** español?
  Buscamos un diccionario que **sea** barato.

 Hay que tener en cuenta que además de los antecedentes negativos (**nadie**, **ninguno/a**, **nada**, etc.) o de los indefinidos (**alguien**, **cualquiera**, etc.), hay verbos que implican ambigüedad y que, por lo tanto, requieren el subjuntivo. **Buscar** es uno de ellos.

**A. Llena el blanco.** Determina si el antecedente es negativo o indefinido antes de escribir la forma apropiada del verbo entre paréntesis.

1. No encuentro a ninguna chica que _____ (desear) bailar conmigo.

2. Su padre le comprará el primer coche rojo que _____ (hallar).

3. Para nosotros no hay jugador que nos _____ (gustar).

4. El profesor le dará una A al alumno que _____ (escribir) un examen perfecto.

5. Quienquiera que _____ (venir) después de las ocho, llegará tarde al baile.

6. Paco va a invitar a la primera muchacha que _____ (ver).

7. No hay nadie en el mundo que siempre _____ (estar) contento/a.

8. ¿Hay alguna persona aquí que _____ (ser) de España?

9. Alicia no conoce a ningún alumno que _____ (hablar) ruso.

10. ¿Hay algún deporte que no _____ (pagar) un buen salario?

 Hay que tener en cuenta que el tiempo del verbo en subjuntivo depende del tiempo del verbo en la claúsula principal, lo mismo que en claúsulas nominales.

**B. Un paso más.** Escribe cinco oraciones en español que contengan cláusulas relativas usando el subjuntivo según las reglas y explicaciones mencionadas anteriormente.

1. _____

_____

2. _____

_____

3. _____

_____

4. _____

_____

5. _____

_____

## Usos del subjuntivo después de *Ojalá (que)*, y *tal vez, quizás*

- El uso del subjuntivo con **Ojalá (que)** no tiene excepciones. Se usa especialmente cuando se expresa un deseo fuerte.

  EJEMPLOS:    **Ojalá que** haga un día bonito mañana.
  **Ojalá que** me gane la lotería para ser rica.
  **Ojalá que** mi novio no se haya ido todavía.

- El subjuntivo se usa generalmente después de **tal vez** o **quizá(s)**.

  EJEMPLOS:    **Tal vez** vengan nuestros padres para la Navidad.
  **Quizás** vayamos a Costa Rica el verano que viene.
  **Quizás** se case mi hermana menor antes de graduarse.

**C. Llena el blanco.** Decide si se usa el subjuntivo o el indicativo en cada una de las siguientes oraciones, dando la conjugación del verbo entre paréntesis.

1. Tal vez nosotras _____ (poder) trabajar en esa empresa.

2. Quizás la mejor manera de conseguir el puesto _____ (ser) con buenas referencias.

3. Ojalá que nos _____ (dar) un aumento.

4. Quizás yo _____ (ser) muy tonto ayer cuando no acepté su oferta.

5. Fulano, Mengano, y Zutano tal vez se (comprar) _____ un coche nuevo si reciben la bonificación anual.

6. El gerente quizás _____ (tener) la culpa cuando me dio empleo sin tener experiencia.

7. Ojalá que Celina me _____ (acompañar) a la entrevista.

8. Tal vez don Pedro _____ (ser) rico porque trabajó muchos años en esa empresa.

**D. Un paso más.** Da el presente del subjuntivo para cada verbo entre paréntesis.

1. Ojalá que no _____ (colocar) a Luis ayer.

2. Tal vez no _____ (venir) el vicepresidente hasta el próximo mes.

3. Quizá(s) _____ (ser) la jefa, porque llega temprano.

4. Ojalá que Tanya _____ (hacer) la carta antes de las nueve.

5. Tal vez lo que _____ (estar) leyendo la secretaria me guste a mí.

 Hay que tener en cuenta que en algunos casos del presente del indicativo hay duda porque la acción no ha tenido lugar; si la acción ya ha ocurrido y todavía existe cierta duda, se debe usar el imperfecto del subjuntivo.

 ¡A escribir!

**Un puesto en....** Imagínate que quieres trabajar para una empresa latinoamericana y necesitas escribir una carta al director/a de la empresa. Los pasos te ayudarán en la tarea.

TEMA: Un puesto en…

▶ **Paso 1. Introducción.** Comienza con los siguientes puntos.

    1. Fecha
    2. Salutación
    3. Presentación personal

▶ **Paso 2. Desarrollo.** Continúa con las descripciones.

    1. Describe tu preparación académica
    2. Describe tu experiencia práctica
    3. Indica las lenguas que hablas y/o escribes
    4. Cuéntales sobre tus pasatiempos.
    5. Indica el sueldo que deseas y cita cualquier otra información pertinente.

▶ **Paso 3. Conclusión.**

    1. Da un breve resumen de tus cualidades.
    2. Termina con la despedida apropiada.

# Los deportes

| | |
|---|---|
| **¡La vida es así!** | Varios individuos, todos entusiastas de los deportes, de diferentes países hispanohablantes, expresan sus puntos de vista sobre los deportes. |
| **Vocabulario práctico** | Estudiarás y aprenderás palabras y expresiones con respecto a deportes, incluyendo algunos que son populares en los Estados Unidos. |
| **¡No me digas!** | Serás introducido desde el juego vasco de jai-alai, hasta el espectáculo nacional de España, que es la corrida de toros, la cual es popular tanto en México como en otros países hispanohablantes. |
| **¡A practicar!** | Al terminar esta lección tú podrás hablar sobre los deportes. |
| **Repasito** | Los usos del imperfecto del subjuntivo y del pluscuamperfecto. |
| **¡A escribir!** | Mi deporte favorito es… |

# ¡La vida es así!

## Los deportes

### Rosalía Fernández López
### (dominicana)

Toda mi vida he sido una fanática de los deportes pero últimamente los fanáticos estamos muy decepcionados. Los jugadores ganan una millonada y sólo les interesa el dinero. Los dueños de los equipos también son muy avariciosos. Hace unos años hubo una huelga de los jugadores de béisbol de las grandes ligas y los que sufrimos más fuimos los fanáticos. ¡Qué va! ¡No hay justicia!

### Francisco Risoni Anaya
### (argentino)

Mi pasión es el fútbol y aquí en la Argentina el fútbol es el rey de los deportes. Yo lo practico mañana, tarde y noche. Los domingos voy al estadio a ver jugar a los eternos rivales: El River Plate y El Boca Juniors. Soy hincha del River y ojalá que mi equipo gane el campeonato este año.

### Graciela Velasco Plaza
### (ecuatoriana)

Los deportes son una parte importante de mi vida y me gustan todos ellos. La gimnasia es fascinante; el fútbol americano es un deporte de animales, pero es emocionante. La natación me ayuda a mantenerme en forma; y el golf me hace pensar mucho. Soy miembro del equipo de tenis de mi universidad. No soy una estrella pero me defiendo. Tal vez algún día llegue a ser una estrella. Es duro ser atleta y estudiante a la misma vez pero lo importante es ser disciplinada.

**Ricardo Rubio Romero**
**(chileno)**

Soy árbitro de básquetbol. Ser árbitro no es nada fácil porque uno tiene que hacer decisiones al instante y nadie queda contento. El pobre árbitro siempre carga con la culpa. A veces los fanáticos son muy crueles porque nos silban y nos abuchean pero hay que seguir adelante y hacer lo mejor posible. Nosotros los árbitros somos tan importantes como los jugadores.

## ¿Recuerdas...?

1. ¿Qué dice Rosalía Fernández López acerca de los fanáticos?
2. ¿Qué piensa Rosalía tocante a los jugadores y los dueños?
3. Según Francisco, ¿cuál es el rey de los deportes en la Argentina?
4. ¿Qué son el River Plate y El Boca Juniors? Explica.
5. ¿Cuál es la opinión de Graciela sobre la gimnasia?
6. ¿Qué opina ella sobre el fútbol americano? ¿Por qué?
7. ¿Por qué es importante la natación para Graciela? Explica.
8. ¿De qué es miembro Graciela? Da algunos detalles.
9. ¿Por qué dice Ricardo que ser árbitro no es nada fácil?
10. ¿Por qué dice él que a veces los fanáticos son muy crueles?

# Vocabulario práctico

## Los deportes

| | |
|---|---|
| el atletismo | track and field |
| el básquetbol | basketball |
| el béisbol | baseball |
| el boxeo | boxing |
| el ciclismo | cycling |
| la esgrima | fencing |
| el esquí | skiing |
| el fútbol | soccer |
| el fútbol americano | football |
| la gimnasia | gymnastics |
| el hockey | hockey |
| el patinaje | ice skating |
| el vólibol | volleyball |

## Equipo deportivo

| | |
|---|---|
| el balón | ball |
| el bastón | hockey stick |
| el bate | bat |
| la bicicleta | bicycle |
| los esquís | skis |
| el guante | glove |
| la meta | goal |
| la pelota | ball (baseball, etc.) |
| la raqueta | racquet |
| la red | net |
| el florete | foil |

## Adjetivos

| | |
|---|---|
| avaricioso/a | greedy |
| contento/a | happy |
| decepcionado/a | disappointed |
| disciplinado/a | disciplined |
| divertido/a | amusing |
| emocionante | exciting |
| empatado | tied (score) |
| fascinante | wonderful |
| ganado | won |
| lento/a | slow |
| lesionado/a | injured |
| perdido | lost |

## Verbos

| | |
|---|---|
| abuchear | to boo |
| anotar | to score |
| aplaudir | to applaud |
| empatar | to tie (score) |
| ganar | to win |
| gritar | to shout |
| jugar | to play |
| llorar | to cry |
| patear | to kick |
| reclutar | to recruit |
| silbar | to whistle |

## Algunos términos

| | |
|---|---|
| la anotación | score |
| el/la anotador/a | scorer |
| el/la árbitro/a | referee |
| el/la campeón/a | champion |
| el campeonato | championship |
| la cancha | playing field, court |
| el/la comentarista deportivo/a | sports' commentator |
| el/la entrenador/a | coach |
| el equipo | team |
| el estadio | stadium |
| la estrella | star |
| el/la fanático/a | fan |
| las grandes ligas | big leagues |
| el/la guardametas | goalie |
| el/la hincha | fan |
| la huelga | strike |
| el/la jugador/a | player |
| el partido | game, match |
| la portería | goal |
| el promedio | average |
| la regla | rule |
| la temporada | season |
| el/la tenista | tennis player |

## Modismos y expresiones útiles

| | |
|---|---|
| ¡Abajo! | *Down with…!* |
| ¡Ahora! | *Now!* |
| a la misma vez | *at the same time* |
| A mí me encanta. | *I love it.* |
| ¡Arriba! | *Yea!* |
| ¡Buena jugada! | *What a play!* |
| cargar con la culpa | *to get blamed* |
| ganar una millonada | *to earn a fortune* |
| hacer lo mejor posible | *to do one's best* |
| Hay que seguir adelante. | *One has to go forward.* |
| mantenerse en forma | *to be in shape* |
| pero me defiendo | *but I can hold my own* |
| ¡Qué gol! | *What a goal!* |
| ¡Qué jugada! | *What a play!* |
| ¡Qué pase! | *What a pass!* |
| ¡Sinvergüenza! | *Rascal!* |
| ¡Tonterías! | *Nonsense!* |
| un deporte de animales | *a sport fit for animals* |
| ¡Viva! | *Hurray!* |

Feria de San Isidro del 13 de mayo al 9 de junio

# ¡No me digas!

**El jai-alai**, un juego emocionante inventado en el norte de España por los vascos, se juega casi en todos los países hispanos al igual que en los Estados Unidos. Se juega en una cancha que se llama **frontón**, el cual tiene tres paredes y una **cortina** (*screen*) para proteger a los espectadores. Se usa una bola bastante dura hecha de **hule** (*rubber*) que se lanza contra las paredes, alcanzando una velocidad tremenda. La bola se pesca en una cesta con una curva que va colocada en el brazo derecho o izquierdo del jugador. El jai-alai se considera uno de los juegos más rápidos y peligrosos del mundo. En la mayoría de los frontones cualquier espectador puede hacer sus **apuestas** (*bets*) como parte íntegra de la diversión.

La **corrida de toros** es el espectáculo (no un deporte) de España y también es muy importante en otros países hispanohablantes como México, el Perú, el Ecuador, Colombia, y Venezuela. La corrida de toros es un drama de veinte minutos que se divide en tres actos. Cada uno de estos actos empieza con el sonido de una trompeta. Aunque el torero es la estrella de la función, él en realidad no se confronta con el toro hasta al tercer acto. Durante los dos primeros actos, la **cuadrilla** (*crew*) se esfuerza en cansar el toro para que el torero lo pueda manejar con más facilidad.

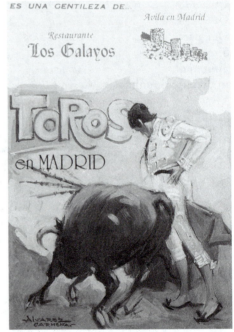

En el primer acto el torero estudia cómo se comporta el toro mientras que los peones lo **embisten** (*work on him*) con las **capas** (*capes*). Luego entra el **picador** a caballo; él es el que trata de cansar el toro picándole el lomo con una lanza.

En el segundo acto, el más peligroso de los tres actos, los banderilleros colocan tres **banderillas** (*small darts*) en cada lado del cuello del toro. En el último acto el torero hace su **faena** (*a series of passes with the muleta*) con el toro y usa la **muleta** (una capa roja) con el propósito de seguir cansando el toro. Cuando ya el toro casi está extenuado, el torero saca la espada y trata de matar el toro con un **estoque** (*thrust*). Si el torero tiene que intentar de matarlo más de una vez, el público se pone furioso.

# ¡A practicar!

**A. Llena el blanco.** Completa las oraciones con la forma apropiada de las siguientes palabras.

| | | | |
|---|---|---|---|
| regla | estrella | jugador | fascinante |
| aplaudir | abuchear | entrenador | comentarista |
| portería | equipo | avaricioso | cancha |

1. El *Boca Juniors* es un _____ de fútbol.

2. Anoche los fanáticos _____ al árbitro porque no les gustó su decisión.

3. Los hinchas _____ a los jugadores porque ayer ganaron el campeonato.

4. Las _____ del béisbol son muy fáciles de aprender.

5. Yo juego al tenis pero no soy una _____.

6. El partido entre los eternos rivales está muy _____.

7. La _____ habló con sus jugadores y les dio instrucciones.

8. A él sólo le interesa el dinero; es muy _____.

9. El _____ entrevistó al jugador por televisión.

10. Los jugadores ya están en la _____.

**B. Asociaciones.** Empareja el deporte con el equipo deportivo para practicar ese deporte.

1. ___ el boxeo      a. la cancha

2. ___ el tenis      b. el balón

3. ___ el vólibol      c. el florete

4. ___ el fútbol      d. la raqueta

5. ___ la esgrima      e. el bate

6. ___ el hockey      f. la bicicleta

7. ___ el béisbol      g. los guantes

8. ___ la natación      h. la piscina

9. ___ el atletismo      i. la meta

10. ___ el ciclismo      j. el bastón

**C. ¿Qué dirías tú?** Escoge del **Vocabulario práctico** una expresión que corresponda a cada situación.

1. La estrella del eterno rival es mejor que la estrella de tu equipo favorito.

   _____

2. El equipo rival entra en la cancha.

   _____

3. El árbitro hace una decisión en contra de tu equipo favorito.

   _____

4. Tu equipo venció a su eterno rival por sólo poca anotación.

   _____

5. Tu torero favorito usó la muleta maravillosamente durante la corrida.

   _____

6. Tus jugadores favoritos entran en la cancha.

   _____

7. La estrella del equipo está lesionada y no puede jugar.

   _____

8. Los jugadores ganan mucho dinero pero están en huelga.

   _____

**D. La liga americana.** Mira la tabla de posiciones de los equipos de las grandes ligas y contesta las preguntas.

1. ¿Cuántas divisiones hay en la Liga Americana?
2. ¿Cómo se llama el equipo de Minnesota?
3. ¿Cuál es el mejor equipo de la División Central?
4. ¿Cuál es el peor equipo de la liga? Explica.
5. ¿Qué equipos tienen el mismo promedio?
6. ¿Cuál es el equipo que ha ganado más juegos en la liga?
7. ¿Cuáles son los equipos que han ganado las divisiones?
8. ¿Cuál de estos equipos es tu favorito y por qué?

| LIGA AMERICANA **División Este** | | | | |
|---|---|---|---|---|
| EQUIPOS | PG | PP | PROM | JV |
| x-Toronto Azulejos | 95 | 67 | .586 | -- |
| Nueva York Yanquis | 88 | 74 | .543 | 7 |
| Baltimore Orioles | 88 | 77 | .525 | 10 |
| Detroit Tigres | 85 | 77 | .525 | 10 |
| Boston Medias Rojas | 80 | 82 | .494 | 15 |
| **División Central** | | | | |
| x Chicago Medias Blancas | 94 | 68 | .580 | -- |
| Kansas City Reales | 84 | 78 | .519 | 10 |
| Cleveland Indios | 76 | 86 | .469 | 18 |
| Minnesota Mellizos | 71 | 91 | .438 | 23 |
| Milwaukee Cerveceros | 69 | 93 | .426 | 25 |
| **División Oeste** | | | | |
| x Texas Rancheros | 86 | 76 | .531 | -- |
| Seattle Marineros | 82 | 80 | .506 | 4 |
| California Angelinos | 71 | 91 | .438 | 15 |
| Oakland Atléticos | 68 | 94 | .420 | 18 |
| x Campeón de división | | | | |

## E. Cuéntaselo a la clase.

1. ¿Cuál es tu equipo favorito? ¿Por qué te gusta?
2. ¿Cuáles son los deportes populares en tu universidad, y cómo son los equipos de esos deportes?
3. ¿Hay alguna estrella del deporte que te gusta? ¿Quién es? ¿Por qué te gusta?
4. ¿Crees que los jugadores ganan una millonada y sólo les interesa el dinero? Explica tu respuesta.
5. ¿Opinas que es duro ser atleta y ser estudiante a la misma vez? Explica.
6. ¿Crees que los árbitros son tan importantes como los jugadores? ¿Por qué sí o por qué no?
7. Para ti, ¿cuál es el deporte más emocionante que hay y cuál es el más aburrido? ¿Por qué?
8. ¿Te gustaría ser una estrella del deporte? Explica.

## F. Descripción del dibujo.

1. ¿En qué país tiene lugar el partido?
2. ¿Es de día o de noche el partido?
3. ¿Cuál es el deporte que están jugando?
4. ¿Cuál de los equipos está ganando? Explica.
5. ¿Qué le pasa a uno de los jugadores?
6. ¿De cuál de los equipos crees que son los fanáticos que están aplaudiendo?
7. ¿Qué está haciendo el jugador cerca de la portería? ¿Por qué?
8. ¿Qué le pasa al fanático que está al lado de los que están aplaudiendo?

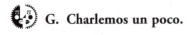 **G. Charlemos un poco.**

1. **Entrevista con un torero.** Reúnete con un/a compañero/a. Uno/a de ustedes hará el papel de un torero famoso y otro/a hará el papel de un/a comentarista que lo entrevista después de hacer una buena faena.

2. **¿Quién es?** La clase se dividirá en grupos de cinco. Un miembro de cada grupo hará el papel de una famosa estrella del mundo de los deportes. Los demás tratarán de adivinar quién es la estrella, haciéndole preguntas. Pueden hacerle preguntas sobre el deporte y sobre su vida personal.

3. **Reclutar atletas.** Reúnete con un/a compañero/a y preparen un folleto para reclutar atletas para su universidad. Pueden incluir asuntos como los diferentes deportes que hay en la universidad, las becas deportivas, los campeonatos ganados por la universidad e información sobre los entrenadores.

4. **Dos fanáticos.** Júntate con un/a compañero/a y miren el dibujo. Ustedes harán el papel de dos fanáticos de los eternos rivales. Inventen un diálogo acerca del partido.

5. **Los deportes.** Reúnete con un compañero/a y miren los deportes que aparecen a continuación. Díganle a la clase su opinión personal sobre cada deporte usando los adjetivos que aparecen en el cuadro.

EJEMPLO:  E1  Me parece que **el fútbol americano** es muy **interesante**.

E2  Creo que es muy **violento**.

| DEPORTES | ADJETIVOS |
|---|---|
| el hockey | lento |
| el tenis | violento |
| el golf | interesante |
| el béisbol | aburrido |
| la natación | emocionante |
| la gimnasia | divertido |
| el boxeo | fácil |
| el fútbol | difícil |
| el esquí | incomprensible |
| el vólibol | fascinante |

6. **Deportistas.** Identifica tantas estrellas de los deportes como puedas y di todo lo que sepas de ellas.

1. Ken Griffey Jr.
2. Arantxa Sánchez-Vicario
3. Shaquille O'Neal
4. Severiano Ballesteros
5. Deion Sanders
6. Nancy López
7. Gabriel Batistuta
8. Gigi Fernández
9. Miguel Induraín
10. José María Olazábal

# Repasito

## Usos del imperfecto del subjuntivo

- Este tiempo se forma cambiando la terminación de la tercera persona plural **-ron** del pretérito a **-ra**, **-ras**, **-ra**, **-ramos**, **-rais**, **-ran**, o a **-se**, **-ses**, **-se**, **-semos**, **-seis**, **-sen**.

| TENER → TUVIERON | QUERER → QUISIERON | DEBER → DEBIERON |
|---|---|---|
| tuviera | quisiera | debiera |
| tuvieras | quisieras | debieras |
| tuviera | quisiera | debiera |
| tuviéramos | quisiéramos | debiéramos |
| tuvierais | quisierais | debierais |
| tuvieran | quisieran | debieran |

- Las reglas son iguales a las del presente del subjuntivo, con algunos usos adicionales.

|  | **EN ORACIONES DE CONTRADICCIÓN.** | **EN ORACIONES CONDICIONALES.** |
|---|---|---|
| EJEMPLOS: | Si **tuviera** dinero, me compraría un coche nuevo. | Ella **quisiera** ir al baile, pero su mamá no la deja. |
|  |  | Su hermano **debiera** ser más honesto pero no lo es. |

 Hay que hacer notar que el imperfecto del subjuntivo se usa en vez del condicional con los verbos **querer**, **deber** y **poder** para expresar la idea de manera más cortés.

## Usos del pluscuamperfecto del subjuntivo

Este tiempo se forma usando el imperfecto del subjuntivo del verbo auxiliar **haber** + el participio pasado del verbo que sigue (**hablar** → **hablado**, **comer** → **comido**, **vivir** → **vivido**).

| HABER |
|---|
| hubiera (hubiese) |
| hubieras (hubieses) |
| hubiera (hubiese) |
| hubiéramos (hubiésemos) |
| hubierais (hubieseis) |
| hubieran (hubiesen) |

EJEMPLOS:    Yo **hubiera estudiado** más tiempo pero me dio mucho sueño.
Si **hubiese sabido** que ella no estaba en casa, no habría ido a verla.

 **¡OJO!** Las reglas para el uso del pluscuamperfecto del subjuntivo son idénticas a las del imperfecto del subjuntivo.

**A. Llena el blanco.** Completa las frases con la forma correcta del imperfecto del subjuntivo o del pluscuamperfecto.

1. El profesor Suárez le dijo a Ana que _____ (estudiar) las jugadas.

2. El árbitro le pidió que _____ (venir) temprano a la cancha.

3. Fue una lástima que Carmela no _____ (ganar) la beca para asistir a la universidad.

4. Yo no _____ (haber) ido a jugar hoy porque estoy enfermo, pero necesitaba el dinero.

5. Si mi amigo _____ (haber) tenido más interés en jugar al béisbol, habría ido al parque con nosotros.

6. Me gustaría que todo el mundo _____ (poder) ver ese partido.

7. Catalina y yo _____ (deber) pensar más en nuestro equipo.

8. No había nadie que _____ (saber) cómo llegar al estadio.

9. Mi entrenador me _____ (haber) dicho la verdad, pero yo no quise escucharla.

10. Quisiéramos que los hinchas no _____ (abuchear) tanto a los jugadores.

**B. Preguntas.** Contesta las siguientes preguntas.

1. ¿Si tú fueras una estrella de un deporte, ¿pedirías un millón de dólares para jugar?
2. Después que se terminó el partido de fútbol, ¿a dónde fueron los jugadores?
3. ¿Por qué la corrida de toros se considera un espectáculo y no un deporte?
4. ¿Te gustaría aprender a jugar al jai-alai? Explica por qué sí o no.
5. ¿Tú crees que los hombres en algunos deportes deben ganar más que las mujeres? Explica tu respuesta.
6. ¿Te gustaría ser un árbitro? ¿Por qué?
7. ¿A qué estrella del deporte te gustaría conocer personalmente? ¿Por qué?
8. ¿Cuáles de los deportes norteamericanos son los más violentos? Exlica por qué.

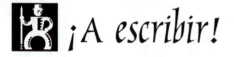 *¡A escribir!*

**Mi deporte favorito es….** Prepara una composición sobre tu deporte favorito. Los pasos te ayudarán en la tarea.

TEMA: Mi deporte favorito es…

▶ **Paso 1. Introducción.** Contesta las preguntas.

    1. ¿Cuáles son las reglas de ese deporte?
    2. ¿Son fáciles o complicadas?
    3. ¿Es un deporte fácil o difícil de practicar?

▶ **Paso 2. Desarrollo.** Contesta las preguntas.

    1. ¿Cómo me interesé en ese deporte?
    2. ¿Por qué lo practico o lo veo?

▶ **Paso 3. Conclusión.** Termina la frase.

    Me gusta ese deporte porque…

# En el consultorio médico

| | |
|---|---|
| **¡La vida es así!** | Dolores Fuertes de Barriga le pide a su esposo, Robustiano Barriga, que haga una cita con el médico ya que tiene una tos bastante mala. |
| **Vocabulario práctico** | Aprenderás el vocabulario de las partes del cuerpo y también las palabras y expresiones pertenecientes a diferentes enfermedades y medicinas. |
| **¡No me digas!** | Estudiarás algunas de las costumbres médicas que son comunes en países hispanohablantes. |
| **¡A practicar!** | Aprenderás cómo hablar de tu propia salud y a cómo describirle tus síntomas al médico. |
| **Repasito** | El uso de las palabras negativas en español y, a la vez, se verá cuándo y bajo qué circunstancias se usan **sino** y **sino que**. |
| **¡A escribir!** | La medicina en los Estados Unidos. |

# ¡La vida es así!

## En el consultorio médico

Robustiano Barriga tiene fiebre y su esposa, Dolores Fuertes de Barriga, quiere que vaya al médico.

DOLORES: Robustiano, te pasas todo el santo día tosiendo, estornudando y no respiras bien.

ROBUSTIANO: ¡Boberías! Estoy muy saludable. Soy tan robusto que hasta me llamo Robustiano.

DOLORES: (*Enfadada*) Quiero que ahora mismo hagas una cita con el doctor Alvena.

ROBUSTIANO: ¡Cálmate Lola! No pierdas los estribos, que te va a dar una embolia.

DOLORES: Te ordeno que lo vayas a ver ahora mismo.

ROBUSTIANO: Odio a los médicos. Todos son iguales. Te ven por cinco minutos y te cobran un dineral. Por eso prefiero ir a ver a Tito, el boticario. Además, yo creo que el doctor Alvena no es médico, sino veterinario porque siempre quiere que coma cereal de avena, y sólo los burros comen avena.

*(En el consultorio del Dr. Alvena.)*

DR. ALVENA: (*Mirando la hoja clínica.*) ¡Qué tal, don Robustiano! ¿Qué hay de nuevo? ¿Cómo se siente?

ROBUSTIANO: (*Tosiendo*) Perfectamente. Me siento a las mil maravillas.

DR. ALVENA: ¿Qué le duele?

ROBUSTIANO: (*Riéndose*) Venir aquí.

DR. ALVENA: Sr. Barriga, usted es un caso serio. A ver… ¡Respire profundamente! ¡Saque la lengua!

ROBUSTIANO: (*Nervioso*) ¿Qué tengo?

DR. ALVENA: (*Después de examinarlo.*) Tiene pulmonía y padece de hipertensión. ¿Es alérgico a los antibióticos?

ROBUSTIANO: No, solamente a los médicos.

DR. ALVENA: Aquí tiene la receta. Tome estas pastillas y este jarabe tres veces al día. Le aconsejo que guarde cama y después haga ejercicios.

ROBUSTIANO:     Pero…

DR. ALVENA:     Mire, con la salud no se juega. Ah, y el mes que viene quiero que venga para hacerle un examen físico. También voy a ordenarle unas radiografías y hacerle un examen completo.

ROBUSTIANO:     (*Saliendo del consultorio y mirando la cuenta.*) ¡Caramba! Me cobró cien pesos por verme por sólo cinco minutos. No en balde, el doctor Alvena es la causa de mi pena.

## ¿Recuerdas…?

1. Según Dolores, ¿cómo se pasa el día Robustiano?
2. ¿Qué desea Dolores que haga Robustiano? ¿Por qué?
3. ¿Qué opina Robustiano de los médicos? ¿Por qué?
4. ¿Por qué dice Robustiano que el doctor Alvena no es médico sino veterinario?
5. ¿Qué enfermedad tiene Robustiano según el médico?
6. Según Robustiano, ¿a qué es alérgico él?
7. ¿Qué remedio le recetó el médico a Robustiano?
8. ¿Qué le aconseja y le recomienda el médico a Robustiano?
9. ¿Qué quiere hacerle el médico a Robustiano? Explica.
10. ¿Por qué dice Robustiano que el doctor Alvena es la causa de su pena?

# Vocabulario práctico ⋎⋏⋏⋎⋏⋏⋎⋏⋏⋎⋏⋏⋎⋏⋏⋎⋏⋏ ⋎⋏⋏

## Algunas partes del cuerpo humano

| | |
|---|---|
| la arteria | artery |
| la boca | mouth |
| el brazo | arm |
| la cabeza | head |
| la cadera | hip |
| la cara | face |
| la ceja | eyebrow |
| el cerebro | brain |
| el corazón | heart |
| el cuello | neck |
| el dedo de la mano | finger |
| el dedo del pie | toe |
| la espalda | back |
| el estómago | stomach |
| la frente | forehead |
| la garganta | throat |
| el hígado | liver |
| el hombro | shoulder |
| el hueso | bone |
| el labio | lip |
| la lengua | tongue |
| la mano | hand |
| la muñeca | wrist |
| el muslo | thigh |
| la nariz | nose |
| el oído | inner ear |
| el ojo | eye |
| la oreja | ear (outer) |
| el pecho | chest |
| el pelo | hair |
| el pie | foot |
| la piel | skin |
| la pierna | leg |
| el pulmón | lung |
| el riñón | kidney |
| la rodilla | knee |
| la sangre | blood |
| el tobillo | ankle |
| la vena | vein |

## Verbos

| | |
|---|---|
| calmarse | to calm down |
| cuidarse | to take care of oneself |
| curar | to cure |
| enfermarse | to get sick |
| estornudar | to sneeze |
| fumar | to smoke |
| guardar cama | to stay in bed |
| hacer ejercicios | to exercise |
| hacer una cita | to make an appointment |
| lastimarse | to get hurt |
| morir | to die |
| operar | to operate |
| padecer | to suffer |
| recetar | to prescribe |
| reconocer | to examine |
| sacar | to stick out (one's tongue) |
| tener dolor de | to have a pain in |
| tener fiebre | to have a fever |
| tener la presión alta | to have high blood pressure |
| tener náuseas | to be nauseous |
| tener un resfriado | to have a cold |
| tomar la presión | to take one's blood pressure |
| tomar la temperatura | to take one's temperature |
| toser | to cough |
| vomitar | to vomit |

## Adjetivos

| | |
|---|---|
| alérgico/a | allergic |
| enfermo/a | sick |
| embarazada | pregnant |
| herido/a | wounded |
| lastimado/a | injured |
| nocivo/a | hazardous |
| profundo/a | deep |
| robusto/a | strong |
| saludable | healthy |

## Algunas enfermedades

| | |
|---|---|
| el dolor de cabeza | headache |
| el dolor de estómago | stomachache |
| el dolor de garganta | sore throat |
| la diabetes | diabetes |
| la embolia | stroke |
| el infarto | heart attack |
| las paperas | mumps |
| la pulmonía | pneumonia |
| el resfriado | cold |

## Tipos de médicos

| | |
|---|---|
| el/la cardiólogo/a | cardiologist |
| el/la cirujano/a | surgeon |
| el/la ginecólogo/a | gynecologist |
| el/la oftalmólogo/a | ophthalmologist |
| el/la otorrinolaringólogo/a | ear, nose and throat specialist |
| el/la pediatra | pediatrician |
| el/la radiólogo/a | radiologist |

## Otros nombres

| | |
|---|---|
| el antiácido | antacid |
| el antibiótico | antibiotic |
| la aspirina | aspirin |
| la avena | oatmeal |
| el bisturí | scalpel |
| la botica | pharmacy |
| el/la boticario/a | pharmacist |
| el consultorio | doctor's office |
| el/la enfermero/a | nurse |
| el estetoscopio | stethoscope |
| el examen físico | check-up |
| la herida | wound |
| la hoja clínica | patient's chart |
| la inyección | shot |
| el jarabe | cough syrup |
| el/la médico/a | medical doctor |
| el/la paciente | patient |
| la pastilla | pill |
| el quirófano | operating room |
| la radiografía | x-ray |
| la receta | prescription |
| la sala de emergencia | emergency room |
| la venda | bandage |

## Expresiones para hablar de la salud

| | |
|---|---|
| ¿Cómo se siente? | How do you feel? |
| ¿Cuáles son sus síntomas? | What are your symptoms? |
| Me duele… | My…hurt |
| Me siento bien. | I feel fine. |
| Me siento mal. | I feel bad. |
| Me siento mejor. | I feel better. |
| No me siento bien. | I don't feel well. |

## Modismos y expresiones útiles

| | |
|---|---|
| ¡A las mil maravillas! | Wonderfully! |
| ¡Boberías! | Nonsense! |
| cobrar un dineral | to charge gobs of money |
| Con la salud no se juega. | You don't gamble with your health. |
| gozar de buena salud | to be in good health |
| pasarse todo el santo día | to spend the whole darn day |
| perder los estribos | to lose one's head |
| Todos son iguales. | They're all the same. |

# ¡No me digas!

En los países de habla española se acostumbra pedirle consejos al **boticario** (*pharmacist*) del **barrio** (*neighborhood*) antes de consultar con un médico. A menudo, uno mismo puede conseguir medicina del boticario sin que sea recetada por el médico. En muchas ciudades casi siempre se encuentra una farmacia que está abierta durante las veinticuatro horas del día, siete días a la semana, para casos que no sean de emergencia y que no necesiten el consejo de un médico.

Otro individuo que es muy importante en asuntos de salud y el bienestar de una persona es **el/la curandero/a** (*folk healer*), cual trata los síntomas con hierbas, **pociones** (*potions*) y otros remedios folklóricos de la gente común. Los **métodos medicinales** (*holistic medicine*) que usan los curanderos vienen siendo estudiados cada vez más por médicos en muchos países, incluso en los Estados Unidos.

En la mayor parte de los países hispanohablantes existe de alguna u otra forma la **medicina socializada** (*socialized medicine*), pero muchas personas todavía son miembros de una clínica o de una asociación de servicios de salud (equivalente a *Health Maintenance Organization - HMO* en los Estados Unidos). Dichos miembros reciben atención médica pagando un precio fijo al año.

Una de las ventajas de la medicina socializada es la atención médica que se ofrece en comunidades rurales donde hay gente pobre. Los estudiantes de

La curandera

medicina tienen que pasarse más o menos dos años en áreas rurales después de acabar su **entrenamiento** (*internship*). Esto asegura que siempre haya una buena cantidad de médicos para lugares remotos.

# ¡A practicar!

**A. Identificación.** Identifica oralmente las partes del cuerpo humano que aparecen en el dibujo.

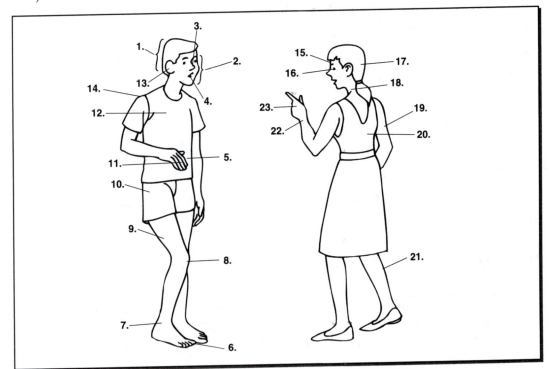

**B. Llena el blanco.** Selecciona la palabra más apropiada para completar el significado de cada frase.

1. Caminamos con los _____ (pies/tobillos/músculos) para poder andar.

2. La _____ (cara/garganta/nariz) está dentro de la boca.

3. La sangre corre por las _____ (venas/orejas/rodillas).

4. Los burros tienen las _____ (cejas/arterias/orejas) muy largas.

5. Los _____ (riñones/brazos/ojos) de Sebastián son verdes.

6. Nosotros pensamos con el _____ (cuello/corazón/cerebro).

7. El paciente _____ (opera/padece/cura) de diabetis.

8. Respira por la _____ (frente/piel/nariz).

9. El fumar es nocivo para los _____ (pulmones/oídos/consultorios).

10. La enfermera le puso una _____ (infección/pastilla/inyección) al paciente.

**C. Definiciones.** Escoge la palabra que corresponde a cada definición.

| | | | |
|---|---|---|---|
| el antibiótico | el otorrinolaringólogo | el jarabe | el bisturí |
| la aspirina | la botica | el estetoscopio | el termómetro |
| la hoja clínica | el quirófano | la embolia | la venda |

1. instrumento que usan los cirujanos cuando hacen una operación _____

2. lugar del hospital donde los cirujanos operan a los pacientes _____

3. medicina que calma la tos _____

4. lugar donde venden las medicinas _____

5. medicina que receta el médico para curar una infección _____

6. médico que reconoce la nariz, la garganta y los oídos _____

7. instrumento que use el médico para escuchar los pulmones _____

8. instrumento que se usa para tomar la temperatura _____

9. medicina que tomamos cuando nos duele la cabeza _____

10. lugar donde el médico escribe los síntomas del paciente _____

**D. Llena el blanco.** Completa las oraciones con la forma apropiada de las siguientes expresiones.

| | | |
|---|---|---|
| pasarse todo el santo día | perder los estribos | con la salud no se juega |
| cobrar un dineral | gozar de buena salud | Todos son iguales. |
| de punta a cabo | tener fiebre | No me siento bien. |
| ¡Boberías! | ¡A las mil maravillas! | |

1. Yo siempre _____ y me siento a las mil maravillas.

2. El boticario me _____ por las pastillas.

3. Cuando la profesora se enfada, ella _____.

4. Ayer fui al médico y me reconoció _____.

5. El médico quiere que yo haga ejercicios pero yo le contesto _____.

6. Ayer ella _____ leyendo la lección.

7. Cuando duermo bien, me siento _____.

8. _____, por eso voy al médico.

9. Mi padre cree que los hospitales _____.

10. Si _____, yo tomo una aspirina.

**E. Hablando de medicina.** Mira los anuncios y contesta las siguientes preguntas.

1. ¿Qué tipos de enfermedades trata el doctor Andrade?
2. ¿Dónde están sus consultorios? Explica bien.
3. ¿Quién es José Mato? Explica en detalle.
4. ¿Cuál es la dirección de su negocio?
5. ¿Cuál es su teléfono? ¿Su fax?
6. ¿Adónde exporta sus productos?
7. ¿Qué tipos de cosas vende José Mato?

**F. Cuéntaselo a la clase.**

1. ¿Cuándo vas al médico? Explica.
2. ¿Piensas que es importante hacerse un examen físico una vez al año? Explica tu respuesta.
3. ¿Cuándo pierdes los estribos? Da ejemplos.
4. ¿Crees que fumar es nocivo para la salud? Da tu opinión.
5. ¿Qué haces cuando tienes un resfriado? Explica.
6. ¿Estás de acuerdo con las opiniones de Robustiano acerca de los médicos? Da tu propia opinión.
7. ¿Qué harías si el médico te dijera que tienes que operarte?
8. ¿Te gustaría ser médico/a o enfermero/a? ¿Por qué sí, o por qué no?

### G. Descripción del dibujo.

1. ¿De quién es el consultorio? Da el nombre.
2. ¿Qué tiene la señora en la boca? Explica lo que es.
3. ¿Qué le pasó a la niña? ¿Cómo le pasaría?
4. ¿Qué está haciendo la enfermera? Explica.
5. ¿Qué está haciendo la recepcionista? Explica.
6. ¿Qué le duele al joven que está sentado al lado de la puerta?
7. ¿Qué tiene el paciente que tiene el pañuelo?
8. ¿Qué hace el enfermero? ¿Por qué? Explica.

### H. Charlemos un poco.

1. **El turista enfermo.** En grupos de tres, uno/a de ustedes hará el papel de un/a turista que no habla español y que se siente mal. Otro/a será el/la traductor/a y otro/a será el/la doctor/a.

2. **La salud.** Tratando de poner en práctica el vocabulario aprendido en la lección, los estudiantes harán una de las dos tareas que siguen (cada una es para dos o tres alumnos/as): (a) En el papel de un/a enfermero/a, hazle una serie de preguntas a un paciente sobre su salud; (b) tú eres el médico y le dices a un/a paciente que tienes que operarlo en seguida. Él/ella entonces llama por teléfono a su familia y le cuenta lo que tú le explicaste acerca de la operación.

3. **Una consulta médica.** Reúnete con un/a compañero/a e inventen un diálogo entre la doctora y el paciente.

4. **Recomendaciones.** Reúnete con un/a compañero/a. Uno/a de ustedes quiere mejorar su salud y le hace preguntas al/a la otro/a para mejorar la salud. El/la otro/a le hará una serie de recomendaciones.

5. **En la farmacia.** Uno/a de ustedes va a la farmacia a pedirle al boticario que le recete algún remedio para su enfermedad. El boticario (otro alumno/a), le hace una serie de preguntas acerca de la enfermedad y le describe la medicina que le va a recetar.

# Repasito

## Oraciones negativas

- En español, el elemento negativo es más común que en inglés. En el inglés formal, se considera incorrecto usar dos palabras negativas en una misma oración (por ejemplo, *I don't see nothing.*) mientras que en español es aceptable. A veces, se pueden encontrar más de dos palabras negativas en una oración.

    EJEMPLOS:   Yo **no** veo **nada** de interesante en esta película.
    Ellas **no** quieren **nada** (ninguna cosa).
    ¿Usted **no** reconoce a **nadie** en este cuarto?
    Nosotras **no** conocemos a **nadie tampoco**.
    Amparo **no** va **nunca** a los conciertos con **nadie**.

- Palabras negativas y afirmativas contrarias

    | | |
    |---|---|
    | algo | nada |
    | alguien | nadie |
    | algún | ningún |
    | alguno | ninguno |
    | alguna | ninguna |

 Nótese que las palabras negativas y afirmativas sirven de antecedente negativo o indefinido en el subjuntivo.

## El uso de *sino* y *sino que*

- **Sino** se usa después de una cláusula negativa para expresar un contraste.

    EJEMPLOS:   Ross Perot **no** es pobre **sino** rico.
    Shaquille O'Neal **no** es bajo **sino** alto.
    Albert Einstein **no** era tonto **sino** inteligente.

- **Sino que** se emplea después de una cláusula negativa cuando los dos verbos en oposición no están en el infinitivo.

    EJEMPLOS:   Isabel Allende no es una escritora desconocida **sino que**
    se conoce en muchos países.
    Laura Esquivel no ha escrito mucho **sino que** su fama se debe
    principalmente a su novela, *Como agua para chocolate.*

 El contraste debe ser entre dos partes iguales de la oración (**nombre/nombre**, **adjetivo/adjetivo**, **infinitivo/infinitivo**.)

**A. Preguntas.** Contesta las siguientes preguntas usando los elementos negativos apropiados; después traduce oralmente cada respuesta al inglés.

1. ¿Conoces a algún paciente allí?

   _____

2. Buenas tardes señor Esquipula, ¿desea tomar algo fresco?

   _____

3. Sofía, ¿con qué doctor vas a hacer la cita?

   _____

4. ¿Vieron ustedes algo de interés en el consultorio médico?

   _____

5. ¿Tus padres han estado alguna vez en ese hospital?

   _____

6. ¿Ustedes tampoco han visitado al doctor Alvena?

   _____

**B. Un paso más.** Traduce al español las siguientes oraciones.

1. He is not a doctor but a nurse.

   _____

2. The hospital is not large but small.

   _____

3. This doctor wasn't just known in Spain but all over the world.

   _____

4. My grandfather doesn't drink coffee but milk.

   _____

5. Charlene and Amber weren't in the hospital but at the doctor's office.

   _____

6. Eduardo not only lost his prescription but he also couldn't find his money.

   _____

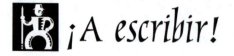 **¡A escribir!**

**La medicina en los Estados Unidos.** Prepara una composición sobre la medicina en los Estados Unidos. Los pasos te ayudarán en la tarea.

TEMA: La medicina en los Estados Unidos.

▶ **Paso 1. Introducción.** Contesta las preguntas.

1. La medicina en este país, ¿es cara o barata? ¿Por qué?
2. ¿Cuáles son sus ventajas o desventajas?

▶ **Paso 2. Desarrollo.** Contesta las preguntas.

1. ¿Cómo se podría mejorar la medicina en los Estados Unidos?
2. ¿Cuáles serían las ventajas o desventajas de socializarla?
3. ¿Cómo se podría reducir el costo?

▶ **Paso 3. Conclusión.** Termina la frase.

En resumen, creo que la medicina en los Estados Unidos es…

# En el salón de belleza y en la barbería

| | |
|---|---|
| **¡La vida es así!** | Rosario va a la peluquería, mientras que su marido Pepe va a la barbería. |
| **Vocabulario práctico** | Aprenderás términos y expresiones referentes al cuidado del pelo o acerca de los **peinados** (*hairstyling*). |
| **¡No me digas!** | Estudiarás el uso frecuente de expresiones exclamativas; también aprenderás algunos **apodos** (*nicknames*), y la importancia que tiene un barbero en la comunidad hispanohablante de los pueblos pequeños. |
| **¡A practicar!** | Después de acabar esta lección, tú podrás hacer una cita con el barbero o la peluquera; incluso, serás capaz de explicar lo que quieres que hagan con tu cabello. |
| **Repasito** | El futuro y el condicional. |
| **¡A escribir!** | Pelo largo, pelo corto o individualismo. |

# ¡La vida es así!

## En el salón de belleza y en la barbería

ROSARIO: Pepe, necesito que me lleves al salón de belleza.

PEPE: Sí, mi amor. Yo también necesito ir a cortarme el pelo en la barbería de Coquito.

ROSARIO: No creo que Coquito sea un buen barbero. ¿Por qué no vas a un estilista y así te pones a la moda?

PEPE: Pues, mira Charo. Yo creo que Coquito es un gran barbero. Además, en esa barbería me entero de todos los chismes.

ROSARIO: ¡Qué chismoso eres! Bueno, vamos que ya se hace tarde.

*(Pepe deja a Rosario en el salón de belleza.)*

ROSARIO: Hola. ¿Cómo está mi peluquera favorita?

ALICIA: Muy bien, Charo, ¿y la familia?

ROSARIO: Bien, gracias a Dios.

ALICIA: Quieres el peinado de siempre, ¿verdad?

ROSARIO: No, estoy harta del pelo lacio. Hazme una permanente.

ALICIA: ¿También te vas a teñir el pelo?

ROSARIO: Sí, ya tengo algunas canas.

ALICIA: ¿Qué color quieres?

ROSARIO: Aunque soy trigueña, tíñeme de rubia.

ALICIA: Cuando Pepe te vea de rubia y con una permanente se quedará turulato o pegará el grito en el cielo.

ROSARIO: No, él no tiene malas pulgas.

ALICIA: *(Lavándole la cabeza.)* Oye, Charo, tienes un poco de caspa y el pelo reseco.

ROSARIO: Sí, dudo que el champú que uso sea de buena calidad.

ALICIA: No te preocupes. Antes de enjuagarte el pelo te pondré un acondicionador que es maravilloso. Luego te pondré el rizador y te secaré el pelo.

ROSARIO: Bien, pero no quiero estar mucho tiempo en el secador.

## ¿Recuerdas…?

1. ¿En dónde se corta el pelo Pepe? ¿Tiene nombre?
2. ¿Quién es Charo y qué dice ella acerca de Coquito?
3. ¿Quién es Alicia y por qué es importante para Charo?
4. ¿De qué está cansada Charo y qué quiere que le haga Alicia?
5. ¿De qué color desea teñirse el pelo Rosario? ¿Por qué?
6. Según Alicia, ¿cuál será la reacción de Pepe? Explica.
7. ¿Qué nota Alicia al lavarle la cabeza a Rosario?
8. ¿Qué le pondrá Alicia a Rosario en el pelo?

*(Mientras Rosario está en el salón de belleza, Pepe llega a la barbería de Coquito.)*

PEPE: ¡Hola! ¿Qué pasa? ¿Cuál es el último chisme?

COQUITO: Hola, Pepe, ¿estabas perdido? Hacía tiempo que no venías. Acaso, ¿me estabas dando de lado?

PEPE: Es que he estado muy ocupado.

COQUITO: Se nota, porque tienes el pelo tan largo como un jipi. Siéntate, que pronto voy a terminar con Gerardo.

GERARDO: Él va a terminar en un dos por tres, porque estoy casi calvo.

COQUITO: Sí, Pocopelo va a tenerse que comprar una peluca.

PEPE: Es que Pocopelo usa mucha brillantina.

GERARDO: No, es que en mi familia todos somos calvos.

COQUITO: Bueno, ya acabé. Pepe, súbete al sillón. ¿Cómo prefieres el recorte de pelo?

PEPE: Lo quiero bien corto y con la raya a la izquierda.

COQUITO: Te voy a teñir de pelirrojo o cortarte el pelo como un Punk.

PEPE: ¡Dios te libre! Por favor, no me tomes el pelo.

COQUITO: ¿Te gustaría una afeitada?

PEPE: Sí, y de paso me recortas un poco el bigote y las patillas.

GERARDO: Oye, Coquito, ¿por qué te pusieron ese apodo?

COQUITO: Porque cuando comencé de barbero le recorté tanto el pelo a un cliente que lo dejé al coco.

PEPE: Coquito, ¿cuándo abrirás una barbería con equipos modernos?

COQUITO: No sé. No entiendo ni jota de esos equipos y con lo que tengo voy tirando.

GERARDO: Lo único que él necesita es un par de tijeras, una navaja, una brocha, talco, un poco de loción y la vieja maquinilla para cortar, ¿verdad?

PEPE: Y buenos clientes como nosotros.

COQUITO: (*Terminando de cortarle el pelo a Pepe.*) Mira, estás como nuevo. ¡Qué bien luces!

GERARDO: ¿No te quedas a chismear un rato?

PEPE: No, tengo que recoger a Charo. ¡Hasta pronto!

## ¿Recuerdas…?

1. Según Coquito, ¿cómo tiene el pelo Pepe?
2. ¿Por qué dice Coquito que Gerardo va a tener que comprarse una peluca?
3. ¿Cómo desea el corte de pelo Pepe?
4. ¿Qué quiere hacerle Coquito a Pepe? Explica.
5. Además de una afeitada, ¿qué otras cosas quiere Pepe que Coquito le haga?
6. ¿Cómo obtuvo su apodo Coquito? Explica.
7. ¿Cuáles son algunos de los instrumentos que usa Coquito?
8. ¿Por qué no puede quedarse a conversar Pepe? Explica.

# Vocabulario práctico

## Nombres

| | |
|---|---|
| el acondicionador | conditioner |
| la afeitada | shave |
| la barbería | barbershop |
| el barbero | barber |
| el bigote | moustache |
| la brillantina | hair oil |
| la brocha | shaving brush |
| la cana | grey hair |
| la caspa | dandruff |
| el cepillo | brush |
| el champú | shampoo |
| el chisme | gossip |
| el corte de pelo | haircut |
| el delantal | apron |
| el/la estilista | hair sylist |
| el/la jipi | hippie |
| la loción | shaving lotion |
| la maquinilla para cortar | hair clippers |
| la navaja | straight razor |
| la patilla | sideburn |
| el peinado | hairdo |
| el peine | comb |
| la peluca | wig |
| el/la peluquero/a | beautician |
| la raya | part (hair) |
| el rizador | curling rod |
| el salón de belleza | beauty parlor |
| el secador | dryer |
| el sillón | barber's chair |
| las tijeras | scissors |
| el tinte | dye |

## Verbos

| | |
|---|---|
| afeitar(se) | to shave |
| cepillar(se) | to brush |
| enjuagar(se) | to rinse |
| lavar(se) | to wash |
| pelar(se) | to crop (hair) |
| cortar(se) | to trim |
| secar(se) | to dry |
| teñir(se) | to dye |
| untar(se) | to put on |

## Adjetivos

| | |
|---|---|
| calvo/a | bald |
| chismoso/a | gossiper |
| corto/a | short |
| crespo/a | curly |
| grasiento/a | oily |
| lacio/a | straight |
| largo/a | long |
| peludo/a | hairy |
| perdido/a | lost |
| reseco/a | dry |
| rubio/a | blond |
| trigueño/a | brunette |

## Modismos y expresiones útiles

| | |
|---|---|
| dar de lado | to abandon |
| dejar al coco | to leave bald-headed |
| de paso | by the way |
| ¡Dios te libre! | God forbid! |
| ir tirando | to get along |
| no entender ni jota de | not to know a darn thing about |
| pegar el grito en el cielo | to raise the roof |
| ¡Qué bien luces! | You look so nice! |
| quedarse turulato | to be stunned |
| tener malas pulgas | to have a bad temper |
| tomar el pelo | to pull someone's leg |

# ¡No me digas!

Hay varias expresiones como **Gracias a Dios** y **A Dios gracias** (*Thank God*), **Dios lo quiera**, **Dios mediante** y **Si Dios quiere** (*God willing*) que demuestran la importancia de la religión en la cultura hispana.

Los **apodos** (*nicknames*) forman una parte íntegra de la cultura hispana. Por ejemplo, tenemos **Pepe** (*José*), **Pancho** (*Francisco*), **Paca** (*Francisca*) y **Chabela** (*Isabel*). A algunas personas se les da un apodo desde jovencitos debido a una característica que, en muchos casos, se puede ver como algo negativo. Por eso es que a alguien que es alto y flaco a lo mejor le pongan **Vara** (*stick*).

En los pueblitos y comunidades de España e Hispanoamérica, **la barbería** es un lugar muy importante donde se juntan los hombres. **El barbero** es un favorito de todos ellos, ya que él está al tanto de toda noticia o chisme en la comunidad y goza al compartirlo con sus clientes.

# ¡A practicar!

**A. Llena el blanco.** Completa las oraciones con la forma apropiada de las siguientes palabras.

| | | | |
|---|---|---|---|
| acondicionador | untarse | cana | caspa |
| delantal | bigote | enjuagar | peinar |
| patilla | peluca | teñirse | raya |

1. Él se tiñe el pelo de rubio porque tiene muchas _____.

2. Las personas con _____ necesitan un buen champú.

3. Antonio se compró una _____ porque es calvo.

4. Elvis Presley tenía las _____ muy largas.

5. Manolo se afeitó el _____.

6. Después de lavarme la cabeza todos los días, me la _____.

7. La peluquera le puso un _____ antes de cortarle el pelo.

8. Él se _____ la crema de afeitar, antes de afeitarse.

9. Mi abuela tiene muchas _____.

10. Necesito un buen _____, porque tengo el pelo muy reseco.

**B. Definiciones.** Escribe la palabra que corresponde a cada definición.

1. producto que usan los hombres después de afeitarse _____

2. instrumento que usan las peluqueras para cortar el pelo _____

3. persona que le gusta hablar de la gente _____

4. instrumento que se usa para hacer una permanente _____

5. producto que usan algunas personas después de bañarse _____

6. lugar adonde va la mujer para cortarse el pelo _____

7. algo que usa el hombre o la mujer en la cabeza cuando quieren cambiar de apariencia

   _____

8. lo que hay en muchos hoteles para secarse el pelo _____

9. los hombres y las mujeres lo usan para lavarse la cabeza _____

10. lo que usa el barbero para afeitar a los hombres _____

**C. Antónimos.** Empareja cada palabra con su antónimo.

1. ___ crespo          a. peludo
2. ___ trigueño        b. rubio
3. ___ corto           c. grasiento
4. ___ calvo           d. lacio
5. ___ reseco          e. largo
6. ___ secar           f. lavar

**D. Llena el blanco.** Completa las oraciones con la forma apropiada de las siguientes expresiones.

| | |
|---|---|
| ir tirando | quedarse turulato |
| dar de lado | no entender ni jota de |
| tener malas pulgas | dejar al coco |

1. Yo no sé hablar español muy bien pero _____.
2. La profesora Velarde siempre se enfada; _____.
3. Roberto _____ cuando la vio a ella teñida de pelirroja.
4. Ella no me viene a ver; creo que me _____.
5. El profesor Sotomayor _____ de computadoras.

**E. En la barbería.** Completa el siguiente diálogo.

SAULITO:   ¡Aló!

CÁNDIDO:   _____.

SAULITO:   Habla Saulito el barbero.

CÁNDIDO:   _____.

SAULITO:   Puede venir a las tres de la tarde.

CÁNDIDO:   _____.

SAULITO:   Cuesta quince dólares.

CÁNDIDO:   _____.

SAULITO:   No señor, no les damos descuento a los calvos.

CÁNDIDO:   _____.

SAULITO:   ¿Teñirse de rubio? Pero si usted dice que es calvo.

CÁNDIDO:   _____.

SAULITO:   ¿Teñir su peluca?

CÁNDIDO:   _____.

SAULITO:   Mire, señor. No me tome el pelo porque estoy muy ocupado y
           tengo malas pulgas. Adiós.

## F. Cuéntaselo a la clase.

1. ¿Cada cuánto tiempo vas a la barbería o al salón de belleza?
2. ¿Cuánto te cobran por un corte de pelo o por un peinado?
3. ¿Cuál es tu opinión sobre los hombres que no se afeitan o tienen el pelo largo?
4. ¿Tienes un apodo? Trata de traducirlo al español.
5. ¿Conoces a alguien que tenga malas pulgas? Descríbelo/a.
6. ¿Alguna vez te han tomado el pelo? Explica como fue.
7. ¿Te gustaría ser barbero o peluquera? Explica.
8. ¿Qué opinas de las personas chismosas?
9. ¿En qué ocasiones pegas el grito en el cielo?

## G. Descripción del dibujo.

1. ¿Cómo sabes que es una barbería y no un salón de belleza?
2. ¿Cuántos clientes se ven? Descríbelos.
3. ¿Cuánto cuesta una afeitada según el letrero?
4. ¿Qué le está haciendo el barbero de la izquierda al señor?
5. ¿Qué tiene en la mano izquierda ese barbero?
6. ¿Cómo es el barbero de la derecha? Descríbelo.
7. ¿Qué tiene en las manos? ¿Para qué se usan?
8. ¿Qué hay en el piso? Da una explicación detallada.

**H. Charlemos un poco.**

1. **En el salón *Unisex*.** Con un/a compañero/a, imagínense que están en un salón de belleza *Unisex*. Uno/a de ustedes será el peluquero o la peluquera y el/la otro/a será el/la cliente que quiere estar a la moda y explica lo que desea.

2. **Poco después....** Imagínense que el/la peluquero/a no lo dejó bien. Inventen una discusión entre los dos. El diálogo será según la situación.

3. **Una sorpresa.** Con un/a compañero/a hagan el papel de un matrimonio. El marido ha regresado de la barbería con la cabeza completamente afeitada y con el bigote teñido de rojo. Él va a recoger a su esposa al salón de belleza y la encuentra teñida de violeta. Preparen un diálogo entre los dos.

4. **Malas pulgas.** Reúnete con unos de tus compañeros. Uno/a de ustedes es una persona que tiene muy malas pulgas mientras que el/la otro/a trata de tomarle el pelo.

5. ***Don Prim.*** Miren el siguiente anuncio. Luego formen un grupo y hagan el papel de peluqueros/as que van a abrir un salón de belleza *Unisex* y preparen un anuncio para su salón.

## DON PRIM
### *peluquería - barbería*

HOMBRES

| | | | |
|---|---|---|---|
| Corte y Estilo | $8.00 | | |
| Joven | $8.00 | Niños | $5.00 |

DAMAS

| | |
|---|---|
| Corte | $8./12./16. |
| Lavado y secado | $12.00 |
| Corte y Estilo | $25./30. |
| Tintes | $20./30. |
| Remover el Color | $40./45. |
| Tratamiento del Cabello | $15./20. |
| Rayitos | $45./60. |
| Ondulado | $30.00 |
| Relajante para el cabello | $35./40. |

Favor de llamarnos para una cita:
Teléfono - 837-1020 o pase por el negocio.

Estamos localizados en:
29 San Bautista Boulevard, Primer Piso, Izquierda

Cerramos los domingos, lunes y días festivos.

# Repasito

## Usos y terminaciones del futuro y del condicional

- Terminaciones del futuro

| HABLAR | COMER | VIVIR |
|--------|-------|-------|
| hablaré | comeré | viviré |
| hablarás | comerás | vivirás |
| hablará | comerá | vivirá |
| hablaremos | comeremos | viviremos |
| hablaréis | comeréis | viviréis |
| hablarán | comerán | vivirán |

- Terminaciones del condicional

| HABLAR | COMER | VIVIR |
|--------|-------|-------|
| hablaría | comería | viviría |
| hablarías | comerías | vivirías |
| hablaría | comería | viviría |
| hablaríamos | comeríamos | viviríamos |
| hablaríais | comeríais | viviríais |
| hablarían | comerían | vivirían |

- Verbos irregulares en el futuro y el condicional

| EL FUTURO | EL CONDICIONAL |
|-----------|----------------|
| poner → pondré, etc. | poner → pondría, etc. |
| salir → saldré, etc. | salir → saldría, etc. |
| venir → vendré, etc. | venir → vendría, etc. |
| tener → tendré, etc. | tener → tendría, etc. |
| querer → querré, etc. | querer → querría, etc. |
| saber → sabré, etc. | saber → sabría, etc. |
| haber → habré, etc. | haber → habría, etc. |
| hacer → haré, etc. | hacer → haría, etc. |
| decir → diré, etc. | decir → diría, etc. |
| poder → podré, etc. | poder → podría, etc. |
| valer → valdré, etc. | valer → valdría, etc. |

Hay que tener en cuenta que las terminaciones, tanto del futuro como del condicional, se añaden al infinitivo completo en verbos regulares.

- El futuro, en general, se usa para expresar algo que va a ocurrir más tarde; también se usa para expresar probabilidad en tiempo presente.

  EJEMPLOS:  Diego Salinas **hablará** en el Club Norteño hoy a la tres de la tarde.
  La maestra de español **irá** al Perú este verano.
  Anselmo Castellanes **nadará** en las Olimpiadas del año 2000.
  Mi hermano menor **querrá** asistir a la universidad cuando termine la secundaria.
  ¿A qué hora **saldrá** el avión para Guadalajara?
  Para la semana próxima, **estaremos** en Barcelona.

 Hay que darse cuenta que las terminaciones (**-é, -ás, -á, -emos, -éis, -án**) son iguales para las tres conjugaciones de los verbos, **-ar, -er, -ir**. Estas mismas terminanciones se usan además con los verbos irregulares.

- El condicional es equivalente al inglés *would, could* o *should*. Sin embargo, a veces hay excepciones en particular si *would* o *could* equivalen a *used to*, por ejemplo, *She would (used to) chew gum,* o *She couldn't come to work yesterday.* En tales casos se usa el imperfecto o el pretérito del indicativo. Como el futuro, el condicional también puede expresar probabilidad, pero en el pasado.

  EJEMPLOS:  ¿Qué hora **sería** cuando se terminó el baile?
  Tal vez **serían** las tres de la madrugada.
  Estela me dijo que yo **tendría** que llegar temprano.
  Oye, Sergio, no **deberías** beber tantos refrescos.
  Bernal y Brito **podrían** sacar buenas notas pero no se dedican a sus estudios.

 Hay que darse cuenta que las terminaciones (**-ía, -ías, -ía, -íamos, -íais, -ían**) son las mismas para todos los verbos, regulares e irregulares.

**A. Llena el blanco.** Cambia el infinitivo que aparece entre paréntesis a la forma correcta del futuro.

1. Juan _____ (necesitar) un champú para la caspa.

2. Débora _____ (tener) que ir al salón de belleza.

3. ¿A qué hora _____ (ser) la cita con el barbero?

4. En la barbería te _____ (querer) recortar el bigote.

5. Entonces se _____ (saber) quién te va a cortar el pelo.

6. El mes entrante _____ (salir) Dorinda y yo para las Islas Canarias.

7. Allí _____ (poder) ver una estilista.

**B. Un paso más.** Traduce al español las siguientes oraciones. Ten en cuenta lo que aprendiste anteriormente.

1. Imelda wrote that she could cut my hair.

   _____

2. I should shave but I don't have time.

   _____

3. Could you please buy me a wig?

   _____

4. I wonder what time it was when I went to the barbershop?

   _____

5. Thelma would buy shampoo today but she doesn't have any money.

   _____

6. How could she have spent it all at the beauty parlor?

   _____

7. Paco would wash his hair everyday.

   _____

# ¡A escribir!

**Pelo largo, pelo corto o individualismo.** Prepara una composición sobre el individualismo. Los pasos te ayudarán en la tarea.

**TEMA:** Pelo largo, pelo corto o individualismo.

▶ **Paso 1. Introducción.** Contesta las preguntas.

    1. Para ti ¿qué significa la palabra individualismo?
    2. ¿Por qué no tienes que pedirle permiso a nadie?
    3. ¿Por qué no tienes que pedirle consejos a tus amigos?
    4. ¿Por qué no tienes que pedirle permiso a tus padres?

▶ **Paso 2. Desarrollo.** Contesta las preguntas.

    1. ¿Cuáles son las características de un individualista?
    2. ¿Cuáles son las ventajas de ser individualista?
    3. ¿Cuáles son las desventajas de ser individualista?

▶ **Paso 3. Conclusión.** Termina la frase.

    El individualismo (no) es un derecho del ser humano porque…

# Los medios de comunicación

| | |
|---|---|
| **¡La vida es así!** | Un grupo de jóvenes se encuentra en un café y conversa sobre los medios de comunicación. |
| **Vocabulario práctico** | Aprenderás términos que pertenecen al periodismo y a la transmisión de radio y televisión. |
| **¡No me digas!** | Se discutirán la popularidad de los programas de la televisión norteamericana, la costumbre de la **tertulia** y los diferentes significados de las palabras, el radio y el televisor. |
| **¡A practicar!** | En esta lección tendrás la oportunidad de hablar acerca de los medios de comunicación y los efectos que tienen en la sociedad. |
| **Repasito** | Los participios presentes y pasados; los del presente serán usados con el tiempo progresivo, y los del pasado como adjetivos. |
| **¡A escribir!** | Una entrevista con… |

# ¡La vida es así!

## Los medios de comunicación

Kareny Santiago, Shannon Moore, Rosalía Fernández, Alejandro Rosales, Francisco López y Gregorio Álvarez están en un café haciendo tertulia.

KARENY: ¿Vieron *Con los brazos abiertos* anoche?

FRANCISCO: ¡Por supuesto! No me la perdería por nada del mundo.

ROSALÍA: ¿Creen que lo que hará Amado Amante, el protagonista, sea verdad? Le dijo a Florinda, llorándole, que hasta que no vuelva con él, no va a comer.

KARENY: ¡Embustero! Ésas son lágrimas de cocodrilo.

FRANCISCO: Un momento, Kareny. El culpable no es Amado, sino Armando Líos, que sólo le gusta enredar la situación. Yo no paso a ese villano. Es tan malévolo.

ALEJANDRO: No sé cómo ustedes pueden perder el tiempo con esas malditas telenovelas. Todas ellas me sacan de quicio. Además, yo no veo la tele porque hay mucha violencia en sus programas.

SHANNON: Yo sólo veo el noticiero, los documentales y de vez en cuando los concursos.

GREGORIO: Yo no soy tan fanático de la tele como de la radio.

ROSALÍA: Sí, Goyo no puede vivir sin sintonizar sus emisoras de rock y sin escuchar los programas de micrófono abierto.

| ALEJANDRO: | Sí, y también se pasa la vida pegado a los juegos electrónicos. |
| KARENY: | Bueno, cada loco con su tema. A mí, por ejemplo, me gusta leer la prensa. |
| FRANCISCO: | Sí, y te apuesto que sólo lees los tebeos. |
| KARENY: | Estás muy equivocado, Paco. Yo leo el periódico de punta a cabo: los titulares, la sección deportiva, la cartelera, el consultorio sentimental, los clasificados, la crónica social, los editoriales y hasta las esquelas. |
| ROSALÍA: | A mí me encantan las revistas de chismes. |
| ALEJANDRO: | Rosi, parece mentira que leas esa basura. Yo creo que el gobierno debe de controlar todos los medios de comunicación. |
| SHANNON: | Bueno, la cosa no es para tanto, porque si eso es así, nadie se puede enterar de los acontecimientos. |
| ALEJANDRO: | Es que hay muchos periodistas, locutores y comentaristas que son muy sensacionalistas. |
| FRANCISCO: | Estás equivocado. Es claro que hay mucho sensacionalismo, pero la libertad de prensa es necesaria. |
| ROSALÍA: | Por favor, no griten, estamos en una tertulia; no es un partido de fútbol. |
| KARENY: | Bueno, ya se está haciendo tarde y no queremos perder la telenovela. ¿Quién va a pagar la cuenta? |
| GREGORIO: | Hoy le toca al reaccionario. |
| SHANNON: | De acuerdo. ¡Vámonos! |

## ¿Recuerdas…?

1. ¿Qué es *Con los brazos abiertos*? Explica.
2. ¿Quién es Amado Amante y qué le dijo a Florinda?
3. ¿Quién es Armando Líos y cómo es él? Descríbelo.
4. ¿Cuál es la opinión de Alejandro sobre las telenovelas y por qué él no ve la televisión?
5. ¿Qué le gusta a Gregorio? ¿Por qué?
6. ¿Cuáles son las partes del periódico que le gustan a Kareny?
7. ¿Por qué le gustan las revistas de chismes a Rosalía?
8. Según Alejandro, ¿qué cree él que debe de hacer el gobierno y por qué?
9. ¿Por qué dice Francisco que Alejandro está equivocado?
10. ¿Quién crees que pagará la cuenta y por qué?

# Vocabulario práctico

## Las secciones del periódico

| | |
|---|---|
| el artículo | article |
| la cartelera | entertainment section |
| los clasificados | classified ads |
| el consultorio sentimental | advice column |
| la crónica social | social page |
| las esquelas | obituary |
| el horóscopo | horoscope |
| la primera plana | front page |
| la sección deportiva | sports section |
| la sección financiera | business section |
| los tebeos | comics |
| el titular | headline |

## La televisión y la radio

| | |
|---|---|
| la cadena | network |
| el canal | channel |
| el concurso | game show |
| el documental | documentary |
| la emisora | radio station |
| el juego electrónico | electronic game |
| el micrófono abierto | talk show |
| el noticiero | newscast |
| la telenovela | soap opera |

## Empleados en los medios de comunicación

| | |
|---|---|
| el/la anfitrión/a | show host/hostess |
| el/la comentarista | comentator, newscaster |
| el/la crítico/a | critic |
| el/la meteorólogo/a | weatherman/woman |
| el/la patrocinador/a | sponsor |
| el/la reportero/a | reporter |

## Otros sustantivos

| | |
|---|---|
| el acontecimiento | happening; event |
| la basura | trash; rubbish |
| el/la culpable | the guilty party |
| la libertad de prensa | freedom of the press |
| la prensa | press, newsmedia |
| el/la protagonista | protagonist |
| el/la radioyente | listener (radio) |
| el reaccionario | reactionary |

| | |
|---|---|
| la reseña | a review |
| la revista | magazine |
| el/la televidente | television viewer |
| el/la villano/a | villain |

## Verbos

| | |
|---|---|
| censurar | to censor |
| enredar | to complicate |
| enterarse (de) | to find out |
| llorar | to cry |
| patrocinar | to sponsor |
| publicar | to publish |
| sintonizar | to tune in |
| transmitir | to transmit |

## Adjetivos

| | |
|---|---|
| culpable | guilty |
| deportivo/a | pertaining to sports |
| pegado/a (a) | glued to |

## Modismos y expresiones útiles

| | |
|---|---|
| cada loco con su tema | to each his/her own |
| ¡Embustero! | Scoundrel!; Liar! |
| esa basura | that trash |
| Esas son lágrimas de cocodrilo. | Those are crocodile tears. |
| ese/a maldito/a | that darn |
| Estás equivocado. | You're mistaken. |
| hacerse tarde | to get late |
| Hoy le toca a… | It's…turn. |
| La cosa no es para tanto. | It's not that big a deal. |
| la revista de chismes | tabloid |
| No me la perdería. | I wouldn't miss it. |
| Parece mentira. | It seems incredible. |
| pasarse la vida | to spend the whole time |
| perder el tiempo | to waste time |
| por nada del mundo | for anything in the world |
| sacar de quicio | to drive one crazy |
| Te apuesto… | I'll bet you… |

# ¡No me digas!

Con la excepción de Cuba, muchos programas de televisión y películas norteamericanos se ven en todo el mundo hispanohablante. Los programas de televisión son **doblados** (*dubbed*) y las películas ya están dobladas o van acompañadas de subtítulos en español.

CINES PRINCESA
PRINCESA, **3.** MADRID
**"EL CARTERO (Y PABLO NERUDA)"**

| Sala | Sesión | Fecha |
|------|--------|-------|
| 1 | 20:30 | 16-12-95 |

SALA **1**----

B-270476. PVP: 675 Pts - Ordinario
IVA incluido 7% / CIF: A/80647399

IMPRENTA FRANCISCO

Las palabras la **televisión** y la **radio** se refieren, en general, a la programación de televisión o radio; el **televisor** y el **radio** se refieren al **equipo** (*sets*) o aparatos donde se ve o escucha cualquier programa.

La **tertulia** se refiere a una reunión social que es típica del mundo hispanohablante. Por ejemplo, se reúnen amigos en un café o en la casa de uno de ellos para charlar y tomar cualquier bebida. En sitios grandes metropolitanos a veces hay tertulias que son organizadas con cierta intención, en las cuales se discuten ciertos temas como, por ejemplo, literatura, fútbol o las **corridas de toros** (*bull fighting*). A veces estas reuniones son relativamente formales y se encargan de la discusión **personas de renombre** (*experts*) en su campo de especialidad.

# ¡A practicar!

**A. Asociaciones.** Empareja las palabras con sus definiciones.

1. ___ el consultorio sentimental     a. persona malévola

2. ___ el noticiero     b. persona que ve la TV

3. ___ el/la patrocinador/a     c. empresa que paga por los anuncios de la tele

4. ___ el micrófono abierto     d. persona que escribe

5. ___ el/la villano/a     e. programa que da los acontecimientos

6. ___ el horóscopo     f. program donde las personas expresan su opinión

7. ___ el/la crítico/a     g. sección del periódico que da consejos sentimentales

8. ___ el televidente     h. sección del periódico donde se da el futuro de las persona

**B. Llena el blanco.** Completa las oraciones con la forma apropiada de las siguientes palabras.

| | | | |
|---|---|---|---|
| juego electrónico | esquela | anfitrión | protagonista |
| sintonizar | cadena | canal | enterarse |
| concurso | estación | tebeos | reportero |

1. Vi el programa por ese _____ de televisión.

2. La ABC es una _____ de televisión.

3. Él se ganó un carro en un _____.

4. El anuncio de su muerte lo busqué en la _____.

5. Los _____ son tan cómicos que siempre los leo.

6. Ayer yo _____ ese programa en la radio.

7. Nosotras _____ de la noticia en el periódico.

8. Veronica Castro es la _____ de esa novela.

9. Oprah Winfrey es una _____ de un programa de televisión.

10. *Nintendo* es un _____.

**C. El periódico.** Contesta las siguientes preguntas.

1. ¿Qué es la primera plana? Da varios detalles.
2. ¿Qué es la crónica social? Descríbela.
3. ¿Para qué sirve un clasificado? Explica bien.
4. ¿Qué es una tertulia? Da varios detalles.
5. ¿Qué es un editorial? ¿Por qué es importante?

**D. Asociaciones.** Escoge la expresión o palabra que corresponda a la situación y después escribe una oración con cada una.

| | |
|---|---|
| perder el tiempo | estás equivocada |
| embustero | perder el tiempo |
| cada loco con su tema | ese maldito |

1. Tu amigo te ha tomado el pelo.

_____

2. El novio de tu amiga la ha dejado por otra.

_____

3. Tu hermano se pasa el día mirando telenovelas y no estudia.

_____

4. Tu amigo quiere boxear con un campeón de boxeo.

_____

5. Tu amiga discute contigo sin tener razón.

_____

**E. Estrellas famosas.** Identifica los personajes y da un breve informe sobre cada uno de ellos. Prepárate, tus compañeros te podrán hacer preguntas.

1. Jimmy Smits
2. Linda Ronstadt
3. Geraldo Rivera
4. Sonia Braga
5. Julio Iglesias
6. Martin Sheen
7. Edward James Olmos
8. Andy García
9. Gloria Estefan
10. Jon Secada

**F. Un servicio público.** Lee las instrucciones para poner un clasificado. Después escribe tu propio clasificado.

---

✂

GRATIS

# CLASIFICADOS RAZONABLES

**"nada cuesta caro si paga poco"**

*cómo aprovechar*

**Rellene este formulario con lo siguiente:**

(1) Nombre de artículo (excepto coches y cosas grandes)
(2) Uso máximo de 12 palabras
(3) Tarifa depende del día de la semana

_____   _____   _____

_____   _____   _____

_____   _____   _____

_____   _____   _____

Nombre: _____

Dirección: _____

Zip: _____        Tel. _____
                                   Imprescindible

**Envíe esta orden a Diario Metropolitano**
**P. O. Box 641233 Miami, Florida. 44145**

---

## G. Cuéntaselo a la clase.

1. ¿Cuáles son tus programas favoritos de televisión? ¿Por qué?
2. ¿Por qué eres un/a fanático/a de las telenovelas?
3. ¿Cuál es tu opinión sobre los juegos electrónicos? Explica.
4. ¿Te parece que hay mucha violencia en los programas de televisión? ¿Puedes mencionar algunos de ellos?
5. ¿Cuáles son las secciones del periódico que lees y por qué?
6. ¿Qué clases de emisoras sintonizas y por qué?
7. ¿Te parece que el gobierno debe de controlar los medios de comunicación? Explica.
8. ¿Te gustaría ir a una tertulia? ¿Sí o no? Explica por qué.

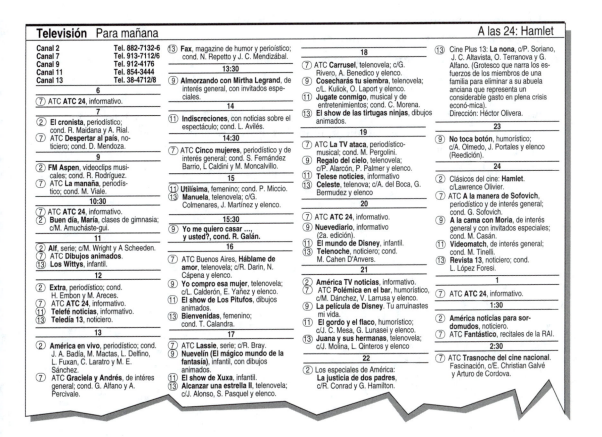

**H. Descripción del dibujo.**

### Televisión  Para mañana

**A las 24: Hamlet**

| Canal 2 | Tel. 882-7132-6 |
| Canal 7 | Tel. 913-7112/6 |
| Canal 9 | Tel. 912-4176 |
| Canal 11 | Tel. 854-3444 |
| Canal 13 | Tel. 38-4712/8 |

**6**
⑦ ATC **ATC 24**, informativo.

**7**
② **El cronista**, periodístico; cond. R. Maidana y A. Rial.
⑦ ATC **Despertar al país**, noticiero; cond. D. Mendoza.

**9**
② **FM Aspen**, videoclips musicales; cond. R. Rodríguez.
⑦ ATC **La mañana**, periodístico; cond. M. Viale.

**10:30**
⑦ ATC **ATC 24**, informativo.
② **Buen día, María**, clases de gimnasia; c/M. Amucháste-gui.

**11**
② **Alf**, serie; c/M. Wright y A Scheeden.
⑦ ATC **Dibujos animados**.
⑬ **Los Wittys**, infantil.

**12**
② **Extra**, periodístico; cond. H. Embon y M. Areces.
⑦ ATC **ATC 24**, informativo.
⑪ **Telefé noticias**, informativo.
⑬ **Teledía 13**, noticiero.

**13**
② **América en vivo**, periodístico; cond. J. A. Badía, M. Mactas, L. Delfino, L. Fuxan, C. Laratro y M. E. Sánchez.
⑦ ATC **Graciela y Andrés**, de interés general; cond. G. Alfano y A. Percivale.

⑬ **Fax**, magazine de humor y perioístico; cond. N. Repetto y J. C. Mendizábal.

**13:30**
⑨ **Almorzando con Mirtha Legrand**, de interés general, con invitados especiales.

**14**
⑪ **Indiscreciones**, con noticias sobre el espectáculo; cond. L. Avilés.

**14:30**
⑦ ATC **Cinco mujeres**, periodístico y de interés general; cond. S. Fernández Barrio, L Caldini y M. Moncalvillo.

**15**
⑪ **Utilísima**, femenino; cond. P. Miccio.
⑬ **Manuela**, telenovela; c/G. Colmenares, J. Martínez y elenco.

**15:30**
⑨ **Yo me quiero casar ...**, y usted?, cond. R. Galán.

**16**
⑦ ATC Buenos Aires, **Háblame de amor**, telenovela; c/R. Darin, N. Cápena y elenco.
⑨ **Yo compro esa mujer**, telenovela; c/L. Calderón, E. Yañez y elenco.
⑪ **El show de Los Pitufos**, dibujos animados.
⑬ **Bienvenidas**, femenino; cond. T. Calandra.

**17**
⑦ ATC **Lassie**, serie; c/R. Bray.
⑨ **Nuevelín (El mágico mundo de la fantasía)**, infantil, con dibujos animados.
⑪ **El show de Xuxa**, infantil.
⑬ **Alcanzar una estrella II**, telenovela; c/J. Alonso, S. Pasquel y elenco.

**18**
⑦ ATC **Carrusel**, telenovela; c/G. Rivero, A. Benedico y elenco.
⑨ **Cosecharás tu siembra**, telenovela; c/L. Kuliok, O. Laport y elenco.
⑪ **Jugate conmigo**, musical y de entretenimientos; cond. C. Morena.
⑬ **El show de las tirtugas ninjas**, dibujos animados.

**19**
⑦ ATC **La TV ataca**, periodístico-musical; cond. M. Pergolini.
⑨ **Regalo del cielo**, telenovela; c/P. Alarcón, P. Palmer y elenco.
⑪ **Telese noticies**, informativo
⑬ **Celeste**, telenova; c/A. del Boca, G. Bermudez y elenco

**20**
⑦ ATC **ATC 24**, informativo.
⑨ **Nuevediario**, informativo (2a. edición).
⑪ **El mundo de Disney**, infantil.
⑬ **Telenoche**, noticiero; cond. M. Cahen D'Anvers.

**21**
② **América TV noticias**, informativo.
⑦ ATC **Polémica en el bar**, humorístico, c/M. Dánchez, V. Larrusa y elenco.
⑨ **La película de Disney**. Tu arruinastes mi vida.
⑪ **El gordo y el flaco**, humorístico; c/J. C. Mesa, G. Lunasei y elenco.
⑬ **Juana y sus hermanas**, telenovela; c/J. Molina, L. Qinteros y elenco

**22**
② Los especiales de América: **La justicia de dos padres**, c/R. Conrad y G. Hamilton.

⑬ Cine Plus 13: **La nona**, c/P. Soriano, J. C. Altavista, O. Terranova y G. Alfano. (Grotesco que narra los esfuerzos de los miembros de una familia para eliminar a su abuela anciana que representa un considerable gasto en plena crisis econó-mica). Dirección: Héctor Olivera.

**23**
⑨ **No toca botón**, humorístico; c/A. Olmedo, J. Portales y elenco (Reedición).

**24**
② **Clásicos del cine: Hamlet**. c/Lawrence Olivier.
⑦ ATC **A la manera de Sofovich**, periodístico y de interés general; cond. G. Sofovich.
⑨ **A la cama con Moria**, de interés general y con invitados especiales; cond. M. Casán.
⑪ **Videomatch**, de interés general; cond. M. Tinelli.
⑬ **Revista 13**, noticiero; cond. L. López Foresi.

**1**
⑦ ATC **ATC 24**, informativo.

**1:30**
② **América noticias para sordomudos**, noticiero.
⑦ ATC **Fantástico**, recitales de la RAI.

**2:30**
⑦ ATC **Trasnoche del cine nacional**. Fascinación, c/E. Christian Galvé y Arturo de Cordova.

1. ¿Cuántos canales hay en la guía?
2. ¿Cuántos noticieros ves y a qué hora son?
3. Da los nombres de algunas de las telenovelas que aparecen en la guía.
4. ¿Por qué crees que hay tantas telenovelas? Explica.
5. ¿Cuáles son los nombres de algunas películas que se pueden ver?
6. ¿Has visto algunos de los programas que aparecen aquí?
7. ¿Hay algún programa deportivo en la lista? ¿Cuál es?
8. ¿Cuáles de estos programas te gustaría ver? ¿Por qué?

### 🐷 I. Charlemos un poco.

1. **La teleguía.** Júntate con un/a compañero/a y examinen la teleguía. Decidan cuáles programas quieren ver. Luego, informen a la clase sobre sus selecciones.

2. **El consultorio sentimental.** Reúnete con un/a compañero/a. Uno de ustedes está a cargo del consultorio sentimental y el/la otro/a es la persona que la llama con un problema. La persona a cargo del consultorio le ofrecerá consejos.

3. **¡En vivo!** Formen un grupo de cuatro. Uno/a de ustedes será el/la anfitrión/a de un programa de micrófono abierto mientras que los otros tres serán personas que lo llamarán. Traten de escoger un tópico común.

4. **Una tertulia.** La clase se convertirá en una tertulia. Uno/a de ustedes se encargará de dirigir la tertulia. Todos los miembros de la clase sugerirán temas para discutir y todos participarán en la tertulia.

# Repasito

## Usos del participio presente con el verbo *estar*

- El participio presente se usa con el verbo **estar** para formar los tiempos progresivos.

  EJEMPLOS:    Valentín **estaba escribiendo** un poema romántico.
  Celina y Benigno **estarán estudiando** para un examen.
  Oye Yolanda, ¿qué **estás haciendo**?
  Vamos a la cafetería, me **estoy muriendo** de hambre.
  ¿Qué **estaría discutiendo** Gabriela a esas horas?

  Los tiempos progresivos se usan cuando hay evidencia de acción en progreso, ya sea en el presente o en cualquier otro tiempo. El participio presente no se usa, por lo general, con verbos como **ir**, **venir**, **llevar**, entre otros, ya que la idea progresiva, o de movimiento, está implícita en el significado del verbo.

- Terminaciones de participios presentes

  **hablar** → **hablando**    **comer** → **comiendo**    **sufrir** → **sufriendo**

- Terminaciones de algunos participios presentes irregulares

  caer → cayendo
  creer → creyendo
  ir → yendo
  leer → leyendo
  traer → trayendo

- Participios presentes con cambios en la raíz

  decir → diciendo
  morir → muriendo
  pedir → pidiendo
  poder → pudiendo
  reír → riendo
  reñir → riñiendo
  sentir → sintiendo
  servir → sirviendo
  venir → viniendo

  **¡OJO!** Debemos recordar que si se añade cualquier pronombre al participio presente (por ej., **lo** → **leyéndolo**, **me** → **ayudándome**, etc.) hay que usar un acento escrito tal como vemos aquí.

## Usos de participios pasados con el verbo *estar*

- Se usa el participio pasado como adjetivo cuando va acompañado del verbo **estar** para indicar el resultado de una acción o actitud.

    EJEMPLOS:   La puerta **está abierta** y por eso puedo entrar.
    Nosotras **estamos sentadas** en la mesa redonda.
    Beatriz **está enojada** porque no hace sol hoy.
    Yo **estoy casado** con Petronila de Peñasco.

 El participio pasado concuerda siempre con el sujeto o la/s persona/s de quien/es se habla porque actúa como adjetivo, según vimos anteriormente.

- Terminaciones de participios pasados regulares

    **contar → contado**     **comer → comido**     **traducir → traducido**

- Algunos participios pasados irregulares

    escribir → escrito     poner → puesto     decir → dicho
    abrir → abierto     morir → muerto     hacer → hecho
    cubrir → cubierto     freír → frito     romper → roto

 Si la raíz del verbo termina en una vocal fuerte (por ej., **leer → leído**), la parte que forma el participio pasado requiere acento escrito como en la palabra **leído**. Hay que tener en cuenta que no todo participio pasado se puede usar con el verbo **estar** (por ej., **traer**).

**A. Un paso más.** Traduce las siguientes oraciones, usando el participio pasado en la forma apropiada de acuerdo al sujeto de la misma oración.

1. The article is well translated but not interesting.

_____

2. Elsa and her husband were tired of reading the sports section.

_____

3. Dagoberto still didn't have the review written.

_____

4. Sandra's program is sponsored by the students.

_____

5. All of the advertisements were published in that section, so we read them.

_____

6. Their child (f.) is asleep on the game show.

_____

7. Cristino is the newscaster who has written about freedom of the press.

_____

8. I saw Ramón's face in the newspaper and it was covered with mud (**lodo**).

_____

**B. Llena el blanco.** Da el participio presente para cada verbo entre paréntesis y traduce cada oración oralmente en la clase.

1. Estábamos _____ (jugar) y _____ (cantar) en el concurso.

2. Los estudiantes estaban _____ (escuchar) al reportero y _____ (escribir) lo que él decía.

3. El anfitrión no nos está _____ (poner) atención.

4. Susana les está _____ (decir) todo a los reporteros.

5. ¿Sabes tú lo que estará _____ (ocurrir) en el teatro el sábado?

6. Lupe se estaba _____ (reír) con los tebeos.

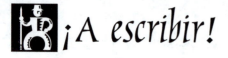 **¡A escribir!**

**Una entrevista con….** Entrevista a una persona en tu universidad o en tu comunidad. Luego prepara un informe sobre los resultados de tu entrevista. Los pasos te ayudarán en tu tarea.

TEMA: Una entrevista con…

▶ **Paso 1. Introducción.** Da una descripción.

      1. ¿Cómo es la persona?
      2. ¿Cuál es el oficio que tiene?

▶ **Paso 2. Desarrollo.** Averigua cada uno de los siguientes aspectos.

      1. Antecedentes familiares
      2. Su niñez, su juventud
      3. Su educación
      4. Sus previos trabajos o cargos
      5. Sus ideas o creencias
      6. Sus pasatiempos
      7. Sus contribuciones a la sociedad

▶ **Paso 3. Conclusión.** Termina la frase.

      En resumen, opino que…

# La fiesta de fin de curso

| | |
|---|---|
| **¡La vida es así!** | Un grupo de amigos, Mario, Belinda, Jaime y Julia, están planeando una fiesta de graduación, la cual coincide con el día del santo de Carlos, el novio de Julia. |
| **Vocabulario práctico** | Aprenderás palabras y expresiones que son útiles para planear o cuando asistas a una fiesta. |
| **¡No me digas!** | En esta lección vas a aprender la importancia que tienen los quince años para una chica, como también la tradición de festejar el día del santo, el desaparecer de la costumbre **de acompañar a una señorita** (*chaperoning*), y la costumbre popular del brindis que se ve en las fiestas. |
| **¡A practicar!** | Las actividades en esta lección tratan de animarte a que hagas investigaciones acerca de varios bailes que tienen sus orígenes en la cultura hispana. También tendrás que planear una fiesta con un tema hispano, además de proponer un brindis en español. |
| **Repasito** | Las cláusulas adverbiales que requieren el subjuntivo. |
| **¡A escribir!** | Una fiesta inolvidable. |

# ¡La vida es así!

## La fiesta de fin de curso

Un grupo de amigos, Mario, Belinda, Jaime y Julia, están preparando una fiesta de fin de curso.

JAIME: Por fin, ¿cuándo vamos a dar la fiesta?

BELINDA: Vamos a darla una semana después de la graduación.

JULIA: Buena idea, porque ese día es el santo de mi novio Carlos.

MARIO: Sí, y así Julia mata dos pájaros de un tiro.

JULIA: ¡Atrevido!

BELINDA: ¿Y dónde haremos la fiesta?

JAIME: Me imagino que sea en el club o en un salón de fiestas.

MARIO: No creo que eso sea buena idea.

JULIA: Estoy segura que mi casa es el mejor lugar porque es muy amplia.

BELINDA: De acuerdo, ¿pero a quiénes convidamos?

JAIME: Aquí tienen la lista de invitados.

MARIO: Jaime, creo que metiste la pata al incluir a Corina Figueroa. Esa tipa me cae muy gorda y se da mucha lija.

BELINDA: Tampoco me gusta ver el nombre de Santiago Castro, porque es un aguafiestas.

JULIA: Sí, pero ellos son amigos de Carlos.

MARIO: Sí, pero es nuestra fiesta y no la suya. Me encanta que hayan puesto en la lista a Marta Soto. La conocí hace años en los quince de Cristina Pérez. Es una morena despampanante y una gran bailadora.

JULIA: ¿De veras? Creo que es una pesada.

BELINDA: ¿Quién se encargará de la música?

JAIME: Tengo unos buenos discos compactos y muy buenas cintas con las últimas canciones de mi conjunto favorito y mis cantantes preferidos.

MARIO: ¿Cómo haremos las invitaciones?

BELINDA: Es necesario que las hagamos por teléfono, porque es la forma más rápida.

JULIA: Está bien, mientras que Carlos no se entere, porque quiero que la fiesta sea una sorpresa para él.

BELINDA: ¿Quién se encarga de la comida?

MARIO: Yo me ocuparé de eso. Compraré algunos entremeses para picar, bocadillos y refrescos.

JAIME: Julia, supongo que tus padres no van a estar presentes.

JULIA: No, los voy a convencer que salgan esa noche.

MARIO: ¡Magnífico!, aunque temo que Liliana Díaz traiga a su tía doña Ofelia de chaperona.

JAIME: Ojalá que esa vieja no venga. Espero que ella no nos arruine la fiesta.

JULIA: Por favor, manos a la obra.

*(La fiesta quedó estupenda y ahora los anfitriones conversan mientras recogen todo.)*

MARIO: Me alegro que la fiesta haya quedado bien.

JAIME: Sí, y, ¡qué bien baila doña Ofelia!

BELINDA: Sí, y es simpatiquísima y se pasó la fiesta haciendo chistes.

JULIA: Sí, ha sido una fiesta inolvidable.

## ¿Recuerdas…?

1. ¿Qué quiere hacer el grupo? ¿Cuál es el motivo?
2. ¿Dónde harán la fiesta? ¿Por qué?
3. ¿Por qué dice Mario que Jaime metió la pata?
4. ¿Qué dice Belinda sobre Santiago Castro?
5. ¿Quién es Marta Soto y qué opinan Mario y Julia sobre ella?
6. ¿Por qué se encargará Jaime de la música?
7. ¿Por qué no desea Julia que Carlos se entere de la fiesta?
8. ¿Qué teme Mario? ¿Por qué? Explícalo bien.
9. ¿Cómo quedó la fiesta? Explica los detalles.
10. ¿Cómo es doña Ofelia? Da dos o tres detalles.

# Vocabulario práctico ⋀⋀⋁╱⋀⋀⋀ ⋀⋀⋁╱⋀⋀⋀ ⋀⋀⋁╱⋀⋀⋀ ⋀⋀⋁ ⋀

## Nombres

| | |
|---|---|
| el/la aguafiestas | party pooper |
| el/la anciano/a | senior citizen |
| el/la bailador/a | dancer |
| el bocadillo | sandwich |
| el/la cantante | singer |
| la cinta | cassette |
| el conjunto | combo |
| el disco compacto | compact disc |
| el fin de curso | end of school year |
| el/la invitado/a | guest |
| la lista de invitados | guest list |
| el salón de fiesta | dance hall |
| el santo | saint |
| la sorpresa | surpise |

## Algunos instrumentos musicales

| | |
|---|---|
| el bongó | bongo |
| la corneta | trumpet |
| la guitarra | guitar |
| el tambor | drum |
| el trombón | trombone |

## Verbos

| | |
|---|---|
| arruinar | to ruin |
| bailar | to dance |
| convidar | to invite |
| encargarse de | to be in charge of |
| enterarse de | to find out about |
| picar | to munch |
| recoger | to clean up |

## Adjetivos

| | |
|---|---|
| amplio/a | wide |
| despampanante | gorgeous |
| inolvidable | unforgettable |

## Modismos y expresiones útiles

| | |
|---|---|
| ¡Atrevido! | Scoundrel! |
| caer gordo | to be annoying |
| darse lija | to put on airs |
| ¿de veras? | really? |
| ese/a tipo/a | that character |
| hacer chistes | to crack jokes |
| matar dos pájaros de un tiro | to kill two birds with one stone |
| meter la pata | to make a mistake |
| ocuparse de eso | to take care of that |
| ser un/a pesado/a | to be a drag |

## JUNIO

| DOMINGO | LUNES | MARTES | MIERCOLES | JUEVES | VIERNES | SABADO |
|---|---|---|---|---|---|---|
| ○ luna llena día 1 | ☾ c. menguante día 8 | ● luna nueva día 16 | ☽ c. creciente día 24 | | | 1 SAN PÁNFILO |
| 2 S. EUGENIO I PAPA | 3 STA. CLOTILDE | 4 PENTECOSTÉS | 5 SAN BONIFACIO | 6 S. NORBERTO | 7 SAN ROBERTO ABAD | 8 S. MÁXIMO |
| 9 SAN EFRÉN | 10 S. PRIMITIVO M. | 11 SAN BERNABÉ | 12 SAN NABOR | 13 S. ANTONIO DE P. | 14 SN. VALERIANO | 15 SANTA YOLANDA |
| 16 S. AURELIANO | 17 SAN ISMAEL M. | 18 SAN MARCOS | 19 SAN ROMUALDO | 20 SAN SILVERIO | 21 S. LUIS GONZAGA | 22 S. PAULINO OB. |
| 23 SANTA ALICIA 30 SAN MARCIAL | 24 S. JUAN BAUTISTA | 25 S. GUILLERMO | 26 S. ANTELMO OB. | 27 N.S. DEL SOCORRO | 28 SAN IRENEO | 29 S. PEDRO |

# ¡No me digas!

Hay un **dicho** (*folk saying*) en español que dice: **A todo santo le llega su día** (*All saints have their day*). Si uno consultara un calendario de santos del mundo hispano, podría decir que todo día tiene su santo. En muchos países hispanohablantes la gente a menudo celebra el día de su santo en vez de su cumpleaños. Por ejemplo, si alguien se llama Juan o Juana, celebraría el Día de San Juan, que es el 24 de junio. Para Pedro sería el día 29 de junio, Día de San Pedro. Debido a que muchas personas tienen el nombre de Juan, Juana, José, Josefina o Carmen, el día de su santo resulta siendo un día festivo o legal en muchos países latinoamericanos.

En la cultura hispana cuando una chica cumple quince años de edad se celebra lo que llamamos los **quince** o la **quinceañera**. Es semejante a un antiguo *debut* en los Estados Unidos (La quinceañera la celebran en muchas familias hispanas de los Estados Unidos). Dicha celebración reconoce de una forma oficial la aceptación de la chica en la sociedad, lo cual indica que a los quince años de edad se le permite que salga con muchachos, equivalente a *dating*.

La antigua tradición de la **chaperona** está desapareciendo poco a poco en los países hispanos. Se praticaba antes más la costumbre de que una parienta debía acompañar a una chica en una **cita** (*date*) con un chico. Hoy en día esta costumbre apenas sobrevive en comunidades rurales o del campo, donde la gente mantiene más fuerte sus tradiciones que la población de las ciudades.

La quinceañera, Jacqueline Otero

Es costumbre en los países hispanos ofrecer un **brindis** (*a toast*). **Brindemos por nuestra amistad** (*let us toast to our friendship*), es un brindis común cuando uno está por despedirse de amigos. Hay otros brindes como, **Arriba, abajo, al centro y adentro**, el cual no se traduce muy bien. Este brindis es un poco **chistoso** (*funny*) y se usa entre amigos íntimos.

# ¡A practicar!

**A. Llena el blanco.** Completa las oraciones con la forma apropiada de las siguientes palabras.

| | | | |
|---|---|---|---|
| despampanante | enterarse | cinta | picar |
| conjunto | aguafiestas | invitado | bocadillo |
| convidar | recoger | amplio | chaperona |

1. No creo que ellos _____ a Corina a la fiesta.

2. Tengo muchas _____ de esos cantantes.

3. Cuando se acabe la fiesta tenemos que _____.

4. Julia quiere que Carlos vaya a su fiesta; por lo tanto, él será uno de los _____.

5. Ese _____ toca muy bien.

6. A él no le gusta bailar; es un _____.

7. María es una chica tan hermosa y tan _____.

8. El salón de baile era muy grande y muy _____.

9. No quiero que Mario _____ que ella va a la fiesta.

10. No pudimos comer pero sí pudimos _____ algo en la fiesta.

**B. En la fiesta.** Contesta las siguientes preguntas.

1. ¿Cuál es la diferencia entre un conjunto y un cantante?
2. ¿Qué es una chaperona? Explica lo que hace.
3. ¿Cuál es la diferencia entre un anfitrión y un invitado?
4. ¿Qué son los quince? Da dos o tres detalles.
5. ¿Qué es un santo? Explica por qué es importante.

**C. Llena el blanco.** Completa las siguientes oraciones.

1. Luis es un aguafiestas porque _____

2. Esa chica me cae muy gorda porque _____

3. No me gustan las chaperonas porque _____

4. Me gusta mucho Marta porque _____

5. Yo no quiero invitar a Felipe a mi fiesta porque _____

**D. Vámonos de fiesta.** Lee el anuncio y contesta las siguientes preguntas.

QUE VIVA LA... Fiesta

¿Piensan celebrar una fiesta social?

• Todo tipo de música
• De día o de noche
• Días festivos o no festivos
• Bodas, bautizos o cumpleaños

AVE. ANDALUCÍA #321   PUERTO NUEVO, PR   892-8131

Conjunto musical de:
• Pepe Joe, "El Cómico"
• Michele y Raquel, Cantantes
• Juan y Rogelio, Músicos

**Entérese de nuestras tarifas, llamando al 51-40-96, de 9-1 y de 5-7, lunes a sábado. Deje recado en nuestro contestador. Nos comunicaremos en seguida.**

MÚSICA A SU GUSTO
•Televisión •Espectáculos •Radio •Teatro •Discos •Cine

1. ¿Qué ofrece el anuncio?
2. ¿Cómo se llama la empresa?
3. ¿Quiénes son algunos de los músicos?
4. ¿Cómo se llaman los cantantes?
5. ¿Dónde puede dejar uno un recado?
6. ¿Cuál es el número de teléfono?

**E. Servicios para fiesta.** Fíjate en el anuncio y después escribe tu propio anuncio.

# Inter-Music International

**¿Gusta de toda clase de música internacional?**

Tocamos para fiestas, bodas, quinceañeras, cumpleaños, etc.

## ¡Llámenos!

• cumbias
• salsa
• boleros

• tango
• rock and roll
• la macarena

• el twist
• el tongoneo

*Nuestro Disc Jockey los complacerá con todas estas piezas. Comuníquense con:*

D. Pablo o la Srta. Rubio   **Tel: 32-87-63**

De las 9:00 a.m. a las 5:00 p.m.
(todos los días, incluso los domingos)

## F. Cuéntaselo a la clase.

1. ¿Te gusta bailar? Da varias razones por qué sí o no.
2. ¿Qué haces cuando vas a una fiesta? Explica.
3. ¿Hay alguien que te cae gordo/a? ¿Por qué?
4. ¿Qué harías si dieras una fiesta y se aparecieran personas a quienes no invitaste?
5. ¿Cómo celebras tu cumpleaños o el día de tu santo?
6. ¿Qué tipo de música te gusta a ti y por qué?
7. ¿Cuál es tu opinión acerca de los bríndis? Explica.
8. ¿Te gustaría que en tu familia se celebrara la quinceañera? Di por qué.

## G. Descripción del dibujo.

1. Describe lo que están haciendo las personas que están delante del conjunto.
2. ¿Cuántos miembros tiene el conjunto y cuáles son algunos instrumentos que se ven?
3. ¿Qué está haciendo el joven que está cerca de la mesa?
4. ¿Qué hay sobre la mesa? Da una descripción.
5. ¿Qué está haciendo la joven que se encuentra al lado de la anciana?
6. ¿Qué crees que es la anciana? ¿Por qué crees eso?

**H. Charlemos un poco.**

1. **¿Cuál es tu baile favorito?** Reúnete con un/a compañero/a y preparen un breve informe sobre uno de los bailes que aparecen en la lista. Traten de dar una demostración a la clase.

| | |
|---|---|
| el flamenco | el rock |
| el tango | la salsa |
| la cumbia | el merengue |
| el mambo | el jarabe tapatío |
| la quebradita | la polka |
| el vals | la macarena |

2. **Una lista de invitados.** Júntate con un/a compañero/a. Hagan el papel de una pareja de novios que está preparando una lista de invitados para una fiesta. Traten de poner en práctica lo aprendido en esta lección.

3. **Una fiesta de fin de curso.** Formen un grupo. Preparen una fiesta teniendo en cuenta lo siguiente: (1) algunos de ustedes harán la lista de los invitados y la discutirán; (2) otros discutirán la música que se va a tocar; (3) otros se encargarán de hacer una lista de la comida y las bebidas; y por fin (4) uno/a de ustedes será el/la anfitrión/a y se ocupará de presentar a los invitados.

4. **Un brindis.** Reúnete con un/a compañero/a. Preparen unos brindis en español entre los dos. Después que los hayan preparado, cuéntenselos a la clase y pregúntenles a los demás si tienen un brindis para compartir con la clase.

# Repasito

## El subjuntivo en claúsulas adverbiales

- El subjuntivo *siempre* se emplea después de las siguientes conjunciones aunque la acción ya haya ocurrido.

| | |
|---|---|
| **antes de que** | *before* |
| **para que** | *so that, in order that* |
| **a fin de que** | *so that, in order that* |
| **en caso (de) que** | *in case that* |
| **a menos que** | *unless* |
| **con tal (de) que** | *provided that* |
| **sin que** | *without* |
| **como si** | *as if* |

EJEMPLOS:   **A menos que** nos digas cuando llegó, no sabremos.
Celia lo hizo **sin que** los otros se dieran cuenta.
Dale de comer al niño **antes de que** se duerma.
Yo iré contigo **en caso de que** él no pueda ir.
El juez habla **como si** estuviera enfadado.

 Es necesario tener en cuenta que **como si** siempre requiere el imperfecto del subjuntivo aunque el verbo de la claúsula principal esté en el presente del indicativo.

- El subjuntivo se usa con las siguientes conjunciones solamente en casos en que la acción todavía no haya tenido lugar. Si la acción ya ocurrió o si ocurre generalmente, se usa el indicativo.

| | |
|---|---|
| **cuando** | *when, whenever* |
| **tan pronto como** | *as soon as* |
| **después (de) que** | *after* |
| **hasta que** | *until* |
| **mientras (que)** | *while* |

EJEMPLOS:   **Tan pronto como** sepa las noticias, yo te aviso.
Fabián estará en buenas condiciones físicas **mientras que** él siga corriendo.
Cuando **llegues** a ser adulto, apreciarás mucho mejor mis consejos.
Acuéstate **después de que** te laves los dientes.

 Si la acción ha tenido o tiene lugar, entonces se usa el indicativo (por ej., **Aunque está nevando**, tengo que ir por la carretera).

**A. Llena el blanco.** Cambia el infinitivo que aparece entre paréntesis al subjuntivo o al indicativo. Ten en cuenta las reglas anteriormente citadas.

1. Aunque ella _____ (venir) a la fiesta, no bailaré con ella.

2. El año pasado cuando _____ (ir) a Nueva York, mis amigos se perdieron.

3. Mientras mis padres _____ (estar) vivos, yo estaré contento.

4. Mira, te diré un secreto con tal de que no se lo (decir) _____ a nadie.

5. Nosotros bailaremos hasta que se _____ (poner) el sol.

6. Antes de que los huéspedes _____ (cenar), todos tomaremos algo.

7. Beberé la cerveza sin que mi padre me _____ (ver).

8. Para que ellos no se _____ (confundir), les dimos direcciones cómo llegar a la fiesta.

**B. Situaciones.** Escribe una oración con las siguientes conjunciones, usando el subjuntivo cuando sea necesario.

1. después de que

_____

2. en caso de que

_____

3. a pesar de que

_____

4. como si

_____

5. a menos que

_____

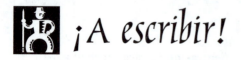 *¡A escribir!*

**Una fiesta inolvidable.** Prepara una composición sobre la última fiesta inolvidable a la que te invitaron. Los pasos te ayudarán en la tarea.

TEMA: Una fiesta inolvidable.

▶ **Paso 1. Introducción.** Contesta las preguntas.

      1. ¿Qué tipo de fiesta fue?
      2. ¿Dónde fue la fiesta?
      3. ¿Por qué te invitaron?
      4. ¿Fuiste sólo/a o acompañado/a?

▶ **Paso 2. Desarrollo.** Contesta las preguntas.

      1. ¿Había muchos invitados?
      2. ¿Cómo eran ellos?
      3. ¿Conociste a alguien interesante?
      4. ¿Qué sirvieron de comer o de beber?
      5. ¿Qué tipo de música tocaron?
      6. ¿Qué hicieron los invitados la mayoría del tiempo?
      7. ¿Comó estaba el ambiente?

▶ **Paso 3. Conclusión.** Contesta la pregunta.

      ¿Por qué fue una fiesta inolvidable?

# Vocabulario

This **vocabulario** contains all the words that appear in the text except: 1. words considered part of the student's lexicon at the intermediate level; 2. most recognizable cognates; 3. adverbs ending in **-mente** and superlatives ending in **-ísimo** when the corresponding adjectives are listed; 4. verb forms other than the infinitive; and 5. present participles.

Masculine and feminine gender of all nouns is indicated wherever appropriate. Feminine nouns ending in **-a**, **-ad**, **-ud**, and **-ión** are not highlighted as such. For adjectives ending in **-o**, both genders **o/a** are listed.

The following abbreviations are used:

| | | | | | |
|---|---|---|---|---|---|
| *adj.* | adjective | *f.* | feminine | *p.p.* | past participle |
| *adv.* | adverb | *interj.* | interjection | *prep.* | preposition |
| *Arg.* | Argentina | *m.* | masculine | *S.A.* | Spanish America |
| *Car.* | Caribbean | *Mex.* | Mexico | *Sp.* | Spain |
| *Cu.* | Cuba | *n.* | noun | *U.S.* | United States |

## A

**abogado/a** lawyer
**abordar** to board
**abrigo** overcoat
**abrocharse** to fasten
**abuchear** to boo, to hiss
**aburrido/a** *adj.* boring
**acabar** to finish
**aceite** *m.* oil; olive oil
**aceituna** olive
**acompañar** to accompany
**acondicionador** *m.* conditioner
**acontecimiento** event
**acostumbrarse** to get used to
**actor** *m.* actor
**actriz** *f.* actress
**actualidad** present time or condition
**acumulador** *m.* battery (e.g., car)
**adjudicarse** to judge; to appropriate
**aduana** customs
**advertir** to advise; to warn

**aduanero/a** customs' official
**afeitada** *n.* shave
**afeitar(se)** to shave
**agencia de alquiler** rental agency
**agencia de empleos** employment agency
**agente** *m.* agent
**agradable** *adj.* pleasant
**agreste** *adj.* rustic; dry
**agrícola** *adj.* agricultural
**aguafiestas** *m. & f.* party-pooper
**ahorrar** to save (money)
**ajo** garlic
**ala** wing
**albañil** *m.* mason, bricklayer
**alcachofa** artichoke
**alcaparra** caper
**alcázar** *m.* fortress
**alcoba** room
**alentar** to inspire
**alérgico/a** *adj.* allergic
**algo** some
**algodón** *m.* cotton

**alguno/a** *adj.* someone
**almacén** *m.* department store; warehouse
**almeja** clam
**almendral** *m.* almond grove
**almuerzo** lunch
**alojarse** to take up lodging
**alquilar** to rent
**altoparlante** *m.* loudspeaker
**amable** *adj.* kind, nice
**ambiente** *m.* environment
**apenas** *adv.* barely
**amplio/a** *adj.* large, roomy
**apreciar** to appreciate
**ancho/a** *adj.* loose-fitting (clothes)
**anciano/a** senior citizen
**andaluz/a** *adj.* Andalusian
**andar** to walk; to run (watch)
**anfitrión** host (party)
**anfitriona** hostess
**animador/a** showhost
**animar** to enliven; to encourage

**anotación** score
**anotador/a** scorekeeper
**anotar** to score
**antiácido** *n.* antacid
**antiguo/a** *adj.* ancient; old
**antojitos** tidbits, appetizers
**anuncio** advertisement; commercial
**añadir** to add
**apagar** to turn off, to switch off (radio, lights, etc.)
**aparcar** to park
**apareamiento** pairing, matching
**apellido** *n.* surname
**apio** celery
**aplaudir** to applaud
**aplicado/a** *adj.* conscientious
**apodo** nickname
**apreciado/a** *adj.* dear (in a letter greeting)
**aprender** to learn
**aprobado** *n.* pass (lowest mark for passing an examination)
**aprobar** to pass
**aprovechar** to take advantage of
**apuesta** bet
**apuntes** *m.* notes (e.g., class notes)
**árbitro** referee
**argumento** plot
**arquitecto** architect
**arrancar** to start (a motor)
**arrear** to drive
**arreglo** arrangement
**arroz** *m.* rice
**arruinar** to ruin
**arteria** artery
**asado/a** *adj.* roasted
**ascender** to promote (i.e., job)
**ascensor** *m.* elevator

**asegurar** to insure
**asesoría** consulting office
**asiduidad** frequency
**asiduo/a** *adj.* frequent
**asiento** seat
**asignatura, materia** subject (in school)
**asistir (a)** to attend
**aspirante** *m. & f.* applicant
**atender (a)** to wait on, give service to; to listen
**aterrizaje** *m.* landing
**aterrizar** to land
**atletismo** track and field
**atrevido** *n.* daring one; bold one
**atún** *m.* tuna
**aumento** salary increase
**aunque** although
**autopista** expressway
**avaricioso/a** *adj.* greedy
**ave** *f.* fowl
**avena** oatmeal
**avería** breakdown (car)
**averiguar** to find out, to investigate
**azafata** flight attendant

# B

**bachiller** *m.* U.S. high school diploma
**bailador/a** *adj.* dancer
**bailarín** dancer
**bailarina** female dancer
**baile** *m.* dance
**bajarse** to get out (e.g., of a car)
**bajo** *prep.* under
**bandera** flag
**banderilla** small dart with a streamer (bullfights)
**bañar(se)** to bathe (oneself)
**bañera** bathtub
**barato/a** *adj.* inexpensive

**barba** beard
**barbería** barbershop
**barbero** barber
**barrio** neighborhood
**bastón** *m.* cane
**basura** trash
**baúl** *m.* trunk
**beca** scholarship
**becario/a** scholarship recipient
**beneficios** benefits
**bicicleta** bicycle
**bien cocido/a** *adj.* well-done, well-cooked
**bienes raíces** *m.* real estate
**bigote** *m.* moustache
**billete** *m.* ticket; paper currency
**billetera** billfold, wallet
**bisturí** *m.* scalpel
**bisutería** costume jewelry shop
**boca** mouth
**bocadillo** sandwich
**bocina** horn
**boleto** *S.A.* ticket
**bolsa de valores** stock exchange
**bolso de viajero** handbag
**bombero/a** firefighter
**bombón** *m.* bonbon, hard candy
**bonificación anual** annual bonus
**bota** boot
**bote** *m.* jar (for gratuities)
**botica** pharmacy
**boticario/a** pharmacist
**botones** *m.* bellhop
**bragas** *Sp.* women's underwear
**brazo** arm
**brillante** *adj.* shiny
**brillantina** hair oil
**brindar** to drink a toast
**brindis** *m.* toast (to someone's health)

**brocha**   shaving brush
**buscar**   to look for
**búsqueda** *n.*   search
**butaca**   orchestra seat
**buzón** *m.*   mailbox

## C

**cabeza**   head
**cadena**   network
**cadera**   hip
**cajero/a**   teller; cashier
**cajón** *m.*   drawer
**calamares** *m.*   squid
**calcetines** *m.*   socks
**caliente** *adj.*   hot
**calificación**   grade (in
   examinations)
**calvo/a** *adj.*   bald
**calzado** *m.*   footwear
**calzar**   to wear (shoes)
**calzoncillos**   underwear
**camarera**   waitress
**camarero**   waiter
**camarones**   shrimp
**cambiar**   to exchange
**cambio**   exchange; change
**camisa**   shirt
**camisón** *m.*   nightgown
**campeón** *m.*   champion
**campeonato**   championship
**canal** *m.*   channel
**canas** *n.*   gray hair
**cancha**   tennis court
**canje** *m.*   exchange
**cantante** *m. & f.*   singer
**cantidad**   quantity; amount
**capa**   cape
**capaz** adj.   able, capable
**capó**   car hood
**cara**   face
**caro/a** *adj.*   expensive
**cargo**   job
**carne** *f.*   meat
**carnet** *m.*   driver's license

**carpintería**   carpenter's shop
**carrera**   career; run (e.g.
   baseball)
**carretera**   highway
**carro**   car
**carta**   menu; letter
**cartelera**   entertainment
   section (newspaper)
**cartera**   handbag; billfold
**cartero**   mailman
**casado/a** *adj.*   married
**casarse**   to get married
**casera** *adj.*   homemade
**casillero**   set of mailboxes
**caspa**   dandruff
**castaña**   chestnut
**cecina**   dried strip (beef)
**ceja**   eyebrow
**célebre** *adj.*   famous
**cenar**   to dine, eat supper
**cepillar(se)**   to brush (hair)
**cepillo**   brush
**cerdo**   pork
**cerebro**   brain
**cereza**   cherry
**cerradura**   lock
**cesta**   curved basket (used to
   catch ball in jai-alai)
**champiñón** *m.*   mushroom
**champú** *m.*   shampoo
**chapa, matrícula**   license plate
**chequeo**   medical checkup
**chaqueta**   jacket
**cheques de viajeros**   travelers'
   checks
**chévere** *Car.*   expression
   meaning "great," etc.
**chisme** *m.*   gossip
**chismoso/a** *adj.*   gossiper
**chistoso/a** *adj.*   funny
**choque** *m.*   wreck
**chorizo**   sausage
**churro** *Sp.*   doughnut-like
   pastry

**ciclismo**   bicycling
**ciertos**   several
**cinta**   (recording) tape
**cintura**   waist
**cinturón** *m.*   belt
**cinturón de seguridad**
   seatbelt
**citado/a** *adj.*   mentioned; said
**clasificados** *n.*   classified ads
**clavar**   to plant (the lance)
**climatizado/a** *adj.*   air-
   conditioned
**clínica**   health-care
   association
**cobrar**   to charge; to cash
**cobro** *m.*   charge; fee
**coche** *m.*   car
**cochinillo asado**   roast
   suckling pig
**cocido** *n.*   stew
**cocinero/a**   chef, cook
**cofradías**   religious
   fraternities
**cola**   tail
**colegio**   private high school
**colegial/a**   classmate;
   collegian
**colina**   hill
**colocar**   to hire
**comentarista** *m. & f.*
   newscaster
**comenzar**   to begin, to start
**comida**   supper; food
**comodidad**   comfort
**cómodo/a** *adj.*   comfortable
**compañero/a**   classmate
**compañía**   company
**compartir**   to share
**complacer**   to please
**comprobante** *m.*   claim
   ticket; check
**comprobar**   to arrange; to
   confirm an appointment
**compromiso**   engagement

**concurso** contest
**condimento** seasoning
**conducir** to drive (a car)
**conferencia** lecture
**conjunto** combo
**conocimiento** knowledge
**conseguir** to find out; get
**consejero/a** counselor
**consejo** advice
**conserje** *m. & f.* concierge
**consultorio** doctor's office
**consultorio sentimental**
　advice column
**contabilidad** accounting
**contador/a** bookkeeper
**contemplar** to consider
**contento/a** *adj.* happy
**contestador** answering
　machine; voice mail
**convidar** to invite
**convivencia** coexistence
**copa** wine glass
**corazón** *m.* heart
**corbata** necktie
**cordero** lamb
**corneta** trumpet
**correa, polea** fan belt
**correo(s)** post office
**corrida** bullfight
**corriente** *adj.* current
**corte** *m.* cut (e.g., hair)
**cortina** screen
**corto/a** *adj.* short
**cosecha** crop
**cosechar** to harvest
**cotización** rate
**crespo/a** *adj.* curly
**crítico/a** critic
**crónica social** social column
**crudo/a** *adj.* rare, raw
**cruzar** to cross
**cuadrilla** bullfighter's troup
**cuadro** painting; picture
**cuajada** yogurt

**cuchara** tablespoon
**cucharita** teaspoon
**cuchillo** knife
**cuello** neck
**cuenta** bill; charge account
**cuero** *n.* made of leather
**cuestión** matter
**cuidar(se)** to take care of
　(oneself)
**culpable** *adj.* guilty
**cumbre** *f.* top; summit
**curandero/a** folk healer
**curiosear** to browse
**cursar** to take courses
**curso** course; academic year;
　term, semester
**cuyo** whose

# D

**datos** basic facts
**decepcionado/a** *adj.*
　disappointed
**dedo** finger
**dejar** to leave; to forget
**delantal** *m.* apron
**demandas** demands
**dependiente** *m. & f.*
　salesperson
**deportivo/a** *adj.* athletic
**deprimente** *adj.* depressing
**derecha** right hand
**derechos** rights
**desaparecer** to disappear
**desarrollar** to develop
**desarrollo** development
**desayunar(se)** to eat
　breakfast
**desayuno** breakfast
**descompuesto/a** *adj.* broken
**desempleo** unemployment
**desocupado/a** *adj.* vacant
**despacio** *adv.* slowly
**despampanante** *adj.*
　stunning, gorgeous

**despedida** *n.* departure;
　farewell (e.g., letter)
**despedir** to fire; to bid
　farewell
**despegar** to take off (plane)
**despegue** *m.* take-off
**desplazamiento**
　displacement
**destacar(se)** to stand out
**detener** to stop; to detain
**día de pago** payday
**día festivo** holiday
**diario** *n.* daily newspaper
**diario/a** *adj.* daily
**dibujo** sketch
**dicho** folk-saying
**dichoso/a** *adj.* lucky
**dictar** to lecture
**dinero** money
**dirigirse (a)** to address
　(speak); to go to, head for
**disciplinado/a** *adj.*
　disciplined
**discutir** to discuss
**disfrutar** to enjoy
**disponibilidad** availability
**disponible** *adj.* available
**diurno/a** *adj.* daytime
**divertido/a** *adj.* enjoyable
**divino/a** *adj.* great
**doblado/a** *adj.* dubbed
**doblar** to turn (a corner)
**doble** *m.* room with a double
　bed
**documentación** documents
**documental** *n.* documentary
**doler** to ache
**dolor** *m.* pain
**ducha** shower
**dulcería** confectioner's shop
**duración** length
**durar** to last

## E

**económico/a** *adj.* inexpensive

**edificio** building

**editorial** *f.* publisher

**efectivo** cash

**egresar** to withdraw (money)

**elegir** to select

**elenco** cast

**embarazada** *adj.* pregnant

**embarcar** to board

**embestir** to work on (a bull)

**embolia** stroke

**embrague** *m.* clutch

**embriagado/a** *adj.* intoxicated

**embutidos** sausages

**emisora** radio station

**emocionante** *adj.* exciting

**empalagar** to bother

**empatado** *p.p.* tied (game)

**empatar** to tie (game)

**emplear(se)** to be used

**empleo** employment

**empresa** firm, business

**encaje** *m.* lace

**encantador/a** *adj.* charming

**encargarse (de)** to be in charge (of)

**encender** to turn on (TV)

**encontrarse (con)** to meet, bump into someone

**endosar** to endorse

**enfermero/a** nurse

**enfermo/a** *adj.* sick, ill

**engrandecer** to enlarge

**enjuagar(se)** to rinse

**enredar** to entangle

**enriquecedor/a** *adj.* enriching

**ensalada mixta** tossed salad

**enterarse (de)** to find out (about)

**entidad** company, agency

**entrada** admission

**entre** *prep.* among

**entrecote** *m.* loin

**entregar** to hand (over); to deliver; to turn in

**entremés** *m.* hors d'oeuvre

**entrenador/a** coach, trainer

**entrenamiento** internship

**entusiasta** *adj.* enthusiastic

**equipaje** *m.* luggage

**equipo** team; equipment

**equivocado/a** *adj.* mistaken, in error

**escaparate** *Sp., m.* show window

**escaso/a** *adj.* limited

**escoger** to select

**esgrima** fencing

**espalda** back

**espárragos** asparagus

**especialidad** major (course of study)

**esposa** wife

**esposo** husband

**esquela** obituary

**esquí** *m.* skiing

**esquina** corner

**esquís** *m.* skis

**estadía** stay

**estancia** stay

**estanco** tobacco store

**estilista** *m. & f.* hair stylist

**estofado** stew

**estómago** stomach

**estoque** *m.* bullfighter's sword

**estornudar** to sneeze

**estrecho/a** *adj.* tight-fitting (clothes); narrow, tight

**estupendo/a** *adj.* great, wonderful

**etiqueta** tag (on merchandise), label

**examen parcial** *m.* mid-term examination

**exceso de velocidad** speeding

**exigente** *adj.* demanding

**expediente académico** *m.* academic transcript

**exposición de pintura** art exhibit

**extranjero/a** *adj.* foreign

## F

**facturar** to check in (baggage)

**facultad** professional school within the university

**faena** a series of passes (bullfight)

**faja** girdle; belt

**falda** skirt

**familiar** *m.* relative

**familiarizar(se)** to familiarize (oneself)

**fanático** sports' fan

**fascinante** *adj.* fascinating

**feria** *Mex.* change (money)

**ferretería** hardware store

**ferrocarril** *m.* railroad

**festejar** to celebrate

**fiambre** *m.* cold cut

**fiebre** *f.* fever

**fijarse** to notice

**fijo/a** *adj.* fixed

**filete** *m.* steak

**firmar** to sign

**florete** foil

**folleto** brochure

**fondo** background

**formulario** form, blank

**frasco** jar, flask

**frenos** breaks (of a car)

**frente** *f.* forehead

**fresa** strawberry

**fresón** *m.* pertaining to strawberries

**frío/a** *adj.* cold

**frontón** *m.* court used for playing Basque game of jai-alai

**fuente** *f.* source (of work)
**fumador/a** smoker
**fumar** to smoke
**función** event
**fútbol** *m.* soccer

## G

**gallego/a** *adj.* Galician
**galleta** biscuit, cracker; cookie
**gamba** shrimp
**ganado** *p.p.* won
**ganar** to win
**ganga** bargain
**garantía** guarantee; warranty
**garganta** throat
**gaseosa** *n.* soft drink
**gastar** to spend (money)
**gazpacho** cold soup of tomatoes, olive oil, cucumbers, etc.
**gerencia** management
**gerente** *m.* manager
**gimnasia** gymnastics
**gira** tour
**goma** tire
**graduarse, recibirse** to graduate
**grande** *adj.* large
**grandes ligas** big leagues (sports)
**grandeza** greatness
**grasiento/a** *adj.* oily
**gratis** *adv.* free
**gritar** to scream
**guante** *m.* glove
**guantera** glove compartment
**guardafango** fender
**guardameta** *m.* goalie
**guía** *m. & f.* guide
**guiar** to drive (a car)

## H

**habichuelas** string beans
**habitación** room
**helado** ice cream
**herida** wound
**herido/a** *adj.* wounded
**hígado** liver
**hincha** *m.* fan (i.e., sports)
**hispanohablante** *adj.* Spanish-speaking
**hojas de queja** complaint sheets
**hoja clínica** patient's chart
**hombro** shoulder
**honrado/a** *adj.* honest
**hospedaje** *m.* lodging; stay
**hospedarse** *m.* to lodge at
**hostal** *m.* hostel; inn
**hotelero/a** hotelkeeper
**huelga** strike (workers')
**huella** trail
**hueso** bone
**huésped/a** guest

## I

**impartir** to teach (a course)
**importe** *m.* amount
**imprescindible** *adj.* essential, indispensable
**impresionante** *adj.* impressive
**impuestos** taxes
**indicador** *m.* turn signal; gauge
**infarto** heart attack
**ingresar** to deposit; to be admitted (hospital)
**inolvidable** *adj.* unforgettable
**instituto** public high school
**interés** *m.* interest rate
**íntimo/a** *adj.* close
**invitado/a** *n.* guest
**izquierda** left hand

## J

**jabón** *m.* soap
**jamón** *m.* ham
**jarabe** *m.* (cough) syrup
**jarra** jar
**jefe/a** boss; superior (in one's employment)
**¡Jesús!** *interj.* Heavens!
**jipi** *m. & f.* hippie
**joya** jewel
**joyería** jewelry store
**judías** string beans
**jugador/a** player
**jugo** juice
**juntar(se)** to get together
**justo/a** *adj.* honest
**juventud** young people; youth

## K

**kilómetro** kilometer
**kilometraje ilimitado** unlimited mileage

## L

**labios** lips
**lacio/a** *adj.* straight (e.g., hair)
**lado** side
**lana** wool
**largo/a** *adj.* long
**lastimado/a** *adj.* injured
**lastimarse** to injure oneself
**lata** can
**lavabo** sink
**lavado** *n.* wash
**lavandería** laundry
**lavar(se)** to wash oneself
**leche** *f.* milk
**lechería** dairy
**lechuga** lettuce
**legumbre** *f.* vegetable
**lema** *m.* logo; slogan

**lento/a** *adj.* slow
**lesionado/a** *adj.* injured
**letrero** sign
**levantarse** to get up (from bed)
**ley** *f.* law
**licorería** liquor store
**ligero/a** *adj.* light (in weight)
**limonero** lemon tree
**limpio/a** *adj.* clean
**lindo/a** *adj.* beautiful, pretty
**liquidación** closeout sale
**llamada (común)** call (station to station)
**llave** *f.* key (car, etc.)
**llegada** arrival
**llenar** to fill out (form); to fill gas tank
**lleno/a** *adj.* full
**llevar** to take, carry
**llorar** to cry
**loción** shaving lotion
**locutor/a** announcer
**logro** achievement
**lomo** loin
**luego** *adv.* afterwards
**lujoso/a** *adj.* luxurious

## M

**maestro/a** master; teacher
**maldito/a** darned
**maleta** *SA* suitcase
**malévolo/a** *adj.* mean, spiteful
**manejar** to drive (a car)
**manga** sleeve
**mano** *f.* hand
**mano de obra** hand labor
**manta** blanket
**mantequería** dairy
**manzana** apple; city block
**maquillaje** *m.* makeup
**máquina** car; machine
**maquinilla** clippers

**maravilloso/a** *adj.* marvellous
**marca** brand, make
**marcar** to dial
**marido** husband
**mariscos** seafood
**masa** dough
**matrícula** tuition
**matricularse** to register, enroll
**matrimonio** married couple
**mediano/a** medium size
**medias** socks, stockings
**médico/a** medical doctor
**medida** measurement
**mediodía** *m.* noon
**mejorar** to improve
**melocotón** *m.* peach
**meloso/a** *adj.* syrupy
**membrillo** quince (e.g., for jelly)
**mensual** *adj.* monthly
**menudo** *Cu.* change (money)
**mercadeo** marketing
**mercancía** merchandise
**merienda** snack
**merluza** hake (fish)
**meteoróloga** weatherwoman
**meteorólogo** weatherman
**metro** subway
**mientras** *adv.* meanwhile
**mitad** half
**moda** style (clothing)
**molestia** trouble
**molino de viento** windmill
**moneda** coin; currency
**montañoso/a** *adj.* mountainous
**moreno/a** *adj.* dark-complexioned
**morillo** nape of the neck
**morirse** to die
**mostrador** *m.* store counter, checkout counter

**mostrar** to show
**mueblería** furniture store
**mujer** wife
**muleta** small red cape used by a bullfighter
**multa** traffic fine
**muñeca** wrist
**muslo** thigh
**musulmán** Muslim
**musulmana** Muslim

## N

**naranjal** *m.* orange grove
**nariz** *f.* nose
**natación** swimming
**navaja** straight razor (for a barber)
**navajita** razor blade
**negociaciones** transactions
**nocivo/a** *adj.* hazardous
**nocturno/a** *adj.* nocturnal
**nombre de pila** Christian or first name
**noroeste** *m.* northwest
**noticiero** newscast

## O

**obligatorio/a** *adj.* required
**obra** artistic work
**obra maestra** master work
**obrero** manual worker
**oficina de personal** personnel office
**oído** inner ear
**oigo** *Car.* hello (in answering the telephone)
**ojo** eye
**olivar** *m.* olive grove
**optar** to opt for
**oreja** outer ear
**ortografía** spelling
**ovacionar** to applaud

# P

**padecer** to suffer

**paella** Valencian dish made with rice, seafood, etc.

**país** *m.* country

**paisaje** *m.* landscape

**palmada** hand clapping

**palmera** palm tree

**pan** *m.* bread

**pantalón** *m.* trousers

**pañuelo** handkerchief

**paperas** mumps

**par** m. pair

**parabrisas** *m.* windshield

**parachoques** *m.* bumper (i.e., car)

**parador** *m.* inn managed by Spanish government

**pararse** to stop; to stand up

**parecido/a** adj. similar

**pared** f. wall

**pareja** *n.* pair; couple

**pariente/a** *adj.* relative

**partido** *n.* game, match

**partir** to depart, leave

**pasaje** *m.* fare; ticket

**pasajero/a** passenger

**pasatiempo** pastime

**pasillo** aisle

**pasos** religious "floats"

**pastilla** pill, tablet

**patear** to kick

**patilla** sideburn

**patinaje** *m.* skating

**pato** duck

**patrocinador/a** sponsor

**patrocinar** to sponsor

**pavo** turkey

**pecho** chest

**pechuga de pollo** chicken breast

**pedagogía** education

**pedir** to order; to ask for

**pegado/a** *adj.* glued (to)

**peinado** *n.* hairdo

**peinadura** *n.* combing (hair)

**peine** *m.* comb

**pelar(se)** to crop (hair)

**peletería** fur shop

**peligroso/a** *adj.* dangerous

**pelirrojo/a** redhead

**pelo** hair

**pelota** ball (baseball, etc.)

**peluca** wig

**peludo/a** *adj.* hairy

**peluquera** beautician

**peluquería** beauty parlor

**pendiente** *adj.* pending

**penitentes** *m.* member of a religious fraternity

**pensión** boarding house

**peones** *m.* bullfighter's helpers

**pequeño/a** *adj.* small size

**perder** to lose

**perdido/a** *adj.* lost

**peregrino/a** pilgrim

**periodista** *m. & f.* journalist

**permanecer** to remain

**pesar** to weigh; to regret

**pesca** *n.* fishing

**pescadería** fish market

**pescado** *n.* fish (when caught)

**peso** weight

**pestaña** eyelash

**petaca** *Mex.* suitcase

**picador** *m.* one who lances the bull

**picar** to munch (food); to cut

**picazón** *f.* itching

**pie** *m.* foot

**piel** *f.* leather, fur

**pierna** leg

**pimienta** black pepper

**pimiento morrón** red pepper

**pimiento verde** bell pepper

**pintor/a** painter

**pintoresco/a** *adj.* picturesque

**pintura** painting

**piscina** swimming pool

**piso principal** main floor, (second floor in the U.S.)

**planilla** application; form

**plano** seating plan; city map

**planta** floor (of a building)

**planta baja** ground/level floor, (first floor in the U.S.)

**plátano** banana

**plato** plate

**platillo** saucer

**plasmar(se)** to mold, shape oneself

**playa** beach

**plaza** place, seat

**plomería** plumber's shop; plumbing

**plomero** plummer

**polea** fan belt

**pollo** chicken

**poncharse** to have a flat tire

**ponerse** to put on (clothes)

**portería** goal

**postre** *m.* dessert

**prado** pasture

**precio** price

**precioso/a** *adj.* beautiful

**prensa** press

**préstamo** loan

**presupuesto** budget

**primera plana** front page

**primer piso** first floor, (second floor in the U.S.)

**probador** *m.* fitting room

**probar(se)** to try on

**procedimiento** procedure, process

**profesorado** faculty

**profundo/a** *adj.* deep

**promedio** *m.* average

**promover** to promote

**propina** tip, gratuity

**protagonista** *m. & f.* protagonist
**proteger** to protect
**próximo/a** *adj.* next (in sequence)
**puerta de salida** departure gate
**puesto** job; place; seat
**pulgada** inch
**pulmón** *m.* lung
**pulmonía** pneumonia

## Q

**quedar** to fit (e.g., clothes); to remain, stay; to be located
**queja** complaint
**quejarse** to complain
**querido/a** *adj.* dear (in a letter greeting)
**quesería** cheese store
**queso** cheese
**química** chemistry
**quinceañera** a special party for a girl who turns fifteen
**quirófano** operating room

## R

**radiografía** X-rays
**radioyente** *m. & f.* listener (radio)
**rápido** *adv.* fast
**raro/a** *adj.* strange
**raya** part (hair)
**rebajar** to reduce
**recado** message
**recámara** room
**receta** prescription
**recetar** to prescribe
**recinto** campus
**reclamar** to claim
**reclutar** to recruit
**recoger** to harvest; to pick up, to clean up

**reconocido/a** *adj.* renown
**recorrido** *n.* drive, trip
**recortar(se)** to trim (hair)
**rector** *n.* president (of a learning institution)
**red** *f.* network
**regadío** irrigation
**regalar** to give (a gift)
**regatear** to haggle over (price)
**regla** rule
**reina** queen
**rejoneo** *n.* fighting bulls with a lance
**relojería** watchmaker's shop
**remitente** *m. & f.* sender
**remolcar** to tow (car)
**renunciar** to resign
**reparto** cast
**repaso** review
**repostería** pastry shop
**reportero/a** reporter
**requisito** requirement
**reseco/a** *adj.* dried up
**reseña** review
**resfriado** *n.* cold
**resguardo** receipt
**residencia estudiantil** dormitory
**responsable** *adj.* responsible
**resumen** *m.* résumé
**restaurado/a** *adj.* restored
**retrato** picture
**retrovisor** *m.* rear-view mirror
**reunirse** to get together
**revisar** to review, check
**revista** magazine
**rey** king
**rías** fjords
**riñón** *m.* kidney
**rizador** *m.* curling iron
**robusto/a** *adj.* strong
**rodeado/a** *adj.* surrounded
**rodilla** knee

**ropa interior** lingerie
**ropería** clothing store
**rótulo** traffic sign
**rubio/a** *adj.* blond
**ruta** route

## S

**sábana** bedsheet
**sable** *m.* saber
**sabroso/a** *adj.* delicious
**sacar** to take out; to earn (grades in school)
**saco** coat, jacket
**sal** *f.* salt
**saldo** balance
**salida** departure
**salón** *m.* exhibition hall
**salón de belleza** beauty salon
**salón de espera** waiting room
**salud** health
**saludable** *adj.* healthy
**saludos** greetings
**salutación** greeting
**sandalias** sandals
**sangre** *f.* blood
**sastre** *m.* tailor
**sastrería** tailorshop
**secador** *n.* dryer
**secar(se)** to dry (oneself)
**sección deportiva** sports' section
**sección financiera** business section
**seco/a** *adj.* dry
**secuestro aéreo** hijacking
**seda** silk
**seguir** to follow
**seguro de vida** life insurance
**seguro médico** medical insurance
**sello** postage stamp
**semáforo** traffic light
**semejante** *adj.* similar
**sencillo/a** *adj.* simple; modest
**sencillo** *n.* single room

**sentarse** to sit down
**sentido** *n.* sense
**señas** address
**servilleta** napkin
**sidra** cider
**silbar** to whistle
**silenciador** *m.* muffler
**silla** saddle; chair
**sillón** *m.* barber's chair
**sindicato** labor union
**sintonizar** to tune in (radio)
**sobre** *m.* envelope
**sobrecargo** surcharge
**sobregiro** overdraft
**sobremesa** chat at the table after a meal
**sobresaliente** *m.* excellent (the highest grade in an examination or course)
**sobrevivir** to survive
**solicitar** to apply for
**solicitud** application (e.g., job)
**sólo** only
**solomillo** sirloin
**sombrerería** hat store
**sonido** *n.* sound
**sorbete** *m.* sherbet
**sorteo** drawing (a lottery)
**sostén** *m.* brassiere
**sucio/a** *adj.* dirty, soiled
**sucursal** *f.* bank branch office
**sueldo** salary
**sur** *m.* south
**suspender** to fail (an examination or a course)
**suspenso** *n.* failing grade (in an examination or a course)

# T

**tablero** board
**tacaño/a** *adj.* stingy; frugal
**talonario** stubbook
**talla** size (of clothing)
**tambor** *m.* drum
**tapas** tidbits, appetizers (e.g., olives, peanuts, cheese, etc.)
**tarifa** fare; rate; price list
**tarjeta** card
**tarjeta de embarque** boarding pass
**tarjeta postal** postcard
**taza** cup
**tazón** bowl (soup)
**tebeos** comics
**telenovela** soap opera
**televidente** *m. & f.* television viewer
**televisor** *m.* TV set
**temática** subject area
**temporada** tourist season
**tenedor** *m.* fork
**tenista** *m. & f.* tennis player
**teñir(se)** to dye
**terciopelo** velvet
**tertulia** a get together
**tijeras** scissors
**timón** *m.* steering wheel
**tinte** *m.* hair coloring
**tintorería** dry cleaning shop
**titular** *m.* headline
**tobillo** ankle
**tocar** to play (a musical instrument)
**tomar** to take; to pick up (a person in a car)
**torear** to fight (a bull)
**torero/a** bullfighter
**toro** bull
**torta** cake
**toser** to cough
**trabajador/a** worker
**trabajador/a** *adj.* hard-working

**traje** *m.* man or woman's suit
**tramitaciones** transactions
**trayecto** journey, passage, course
**trigo** wheat
**trigueño/a** *adj.* brunette; dark-complexioned
**tripulación** crew
**turulato/a** *adj.* stunned

# U

**unidad** credit hour
**untar(se)** to put on (hair oil)
**uva** grape

# V

**valedero** valid, binding; worth
**valenciano/a** *adj.* Valencian
**valer** to cost; to be worth
**valija** *Arg.* suitcase
**valor** *m.* value
**vaso** glass
**velís** *Mex.* suitcase
**velocidad** speed
**velocímetro** speedometer
**vena** vein
**venda** bandage; gauze
**vendedor/a** *adj.* salesperson
**ventaja** advantage
**ventanilla** window
**verdura** vegetable
**vestíbulo** lobby, foyer
**vestido** *n.* dress
**vestirse** to get dressed
**viajante** *m. & f.* traveler
**viajar** to travel
**vidriera** *Cu.* show window
**villano/a** villain
**vinagre** *m.* vinegar
**viña** vineyard

**vistazo** glance; overview
**vitrina** show window
**víveres** *m.* food products
**vuelo sin escala** *n.* non-stop
flight
**vuelta** change (money
returned)
**vuelto** change (money
returned)

# W

**wáter** *m.* toilet

# Y

**yacimiento** deposit, field

# Z

**zanahoria** carrot
**zarzuela** Spanish musical
comedy

# Índice

# Credits

Page 21, advertisement reprinted by permission of *Iberia, L.A.E.*; page 37, advertisement reprinted by permission of *Hotel Ramiro I*; page 45, check *Restaurante Sport* reprinted by permission of Cetareas sport, S.L.; page 48, menu *La Gruta* reprinted by permission of Hermanos Ganton, S.A.; page 49, advertisement reprinted by permission of *Restaurante Medieval Segontia*; page 50, advertisement *La Gruta* reprinted by permission of Hermanos Ganton, S.A.; page 50, advertisement *León Típico* reprinted by permission of José C. Sánchez; page 101, advertisement reprinted by permission of *Veltesa Rent a Car*; page 115, tourist brochure *Granada* reprinted by permission of Jaime-Axel Ruiz Baudrihaye; page 127, advertisement *ICPR Junior College* reprinted by permission of Ramón A. Negrón; page 145, reprinted by permission of PMV of Venezuela S.A.